第一章 年少成名

大足元年（701 年），李白出生。因他出生前母亲梦到了太白金星，所以父亲给他取名李白，字太白。李白年少成名，因才学出众而出任县衙文书。后来，他渐渐发现县令是个昏官，于是弃职而去。

太白降世

因太白金星得名的男孩儿。

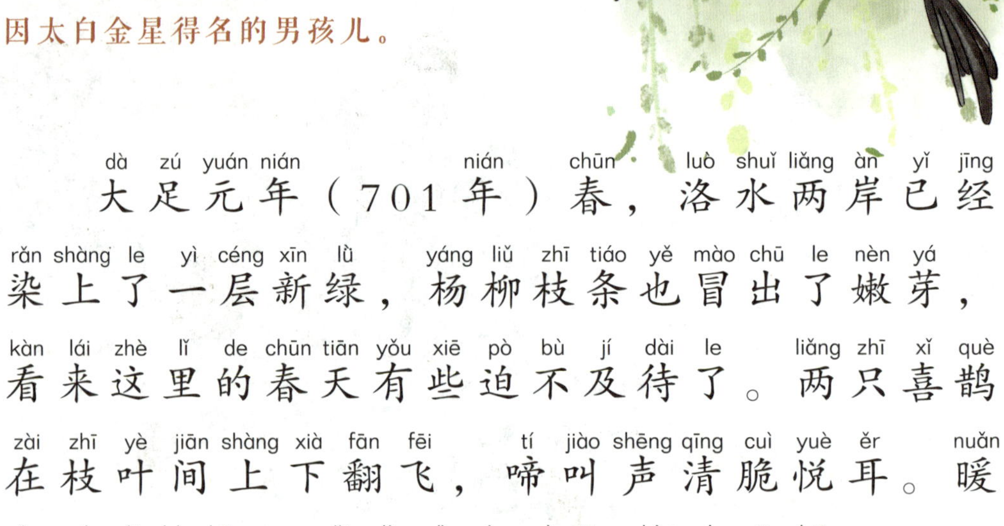

大足元年（701年）春，洛水两岸已经染上了一层新绿，杨柳枝条也冒出了嫩芽，看来这里的春天有些迫不及待了。两只喜鹊在枝叶间上下翻飞，啼叫声清脆悦耳。暖阳悬在半空，给大地万物镶上了金边。

神都内外旌旗迎风招展，车马往来不断。城内三丈一卫，九丈一岗，士兵们手握兵器，庄严肃穆。南来北往的商贩、游人纷纷驻足。以前城内城外也是车马喧阗，但今天很不一样。难道又到了佳节或祭祀的时刻？当然不是。今天是女皇武则天改

郄亚威◎编　　锄豆文化◎绘

华 语 教 学 出 版 社

目录

我们将看到这样的李白

豪放不羁、心怀远大抱负却壮志未酬的旷世奇才。

长风破浪会有时，直挂云帆济沧海。

年号为“大足”的日子。算上这一次，她已经第十二次改年号了。关于此次改换年号，坊间流传着这样的说法：

在古代，皇帝一般都很迷信，重视祥瑞征兆，武则天也不例外。有个叫朱前疑的人就投其所好，奉承说自己梦见女皇白发返黑、落齿重生。武则天听后笑得合不拢嘴，觉得这是她返老还童的预兆，便立即提拔朱前疑为驾部郎中。

司刑寺的犯人听说这件事之后，决定效仿朱前疑来博取武则天的欢心。他们偷偷在监狱外墙下伪造了一个长约五尺的“神仙脚印”，还绘声绘色地说神仙会保佑天子长命百岁。武则天一听，欣喜地大手一挥——改年号为“大足”，并大赦天下。

其实，对于大部分人来说，比大赦天下

gèng zhí dé qìng zhù de shì cóng zhè yì tiān kāi shǐ wǔ zé tiān gǎi
更值得庆祝的是，从这一天开始，武则天改
huí le táng lì zài bǎi xìng yǎn zhōng zhè sì hū yù shì zhe tiān xià
回了唐历。在百姓眼中，这似乎预示着天下
huí guī zhèng tǒng lí míng de shǔ guāng jí jiāng dào lái bú lùn chuán
回归正统，黎明的曙光即将到来。不论传
shuō shì zhēn shì jiǎ dà shè tiān xià shì qiān zhēn wàn què de
说是真是假，大赦天下是千真万确的。

mǒu yì tiān lǐ fǔ shàng shàng xià xià dōu máng zuò yì tuán
某一天，李府上上下下都忙作一团，
dà jiā dōu zài zhè ge tè shū de rì zi lǐ děng zhe yíng jiē yí gè
大家都在这个特殊的日子里，等着迎接一个
xīn shēng mìng de dào lái
新生命的到来。

wā yì shēng qīng cuì de yīng ér tí kū dǎ pò le
“哇——”一声清脆的婴儿啼哭打破了
jì jìng de yè
寂静的夜。

jǐn jiē zhe yì míng yā huan mài zhe jí cù de bù fá
紧接着，一名丫鬟迈着急促的步伐
chōng xiàng qián yuàn qián yuàn dōng cè yí gè zhuàng shuò xiū cháng de
冲向前院。前院东侧，一个壮硕修长的
shēn yǐng zhèng zài lái huí duó bù zhè rén zhèng shì lǐ kè cóng tā
身影正在来回踱步，这人正是李客。从他
de bù fá lái kàn tā cǐ kè jì jiāo jí yòu jǐn zhāng
的步伐来看，他此刻既焦急又紧张。

jiàn dào lǐ kè yā huan xīn xǐ de hǎn dào lǎo ye
见到李客，丫鬟欣喜地喊道：“老爷，
fū rén shēng le mǔ zǐ píng ān
夫人生了，母子平安！”

tīng dào yā huan de bǐng bào lǐ kè jǐn suǒ de shuāng méi zhōng
听到丫鬟的禀报，李客紧锁的双眉终

于舒展开来。他抬头望向东方，此时，天边已经泛起鱼肚白，微光正透过雾气照向大地，万物若隐若现。

“老爷，夫人等着您给公子取名呢！”丫鬟提醒道。

“晨光升起，夫人昨夜又梦到太白金星，这是好兆头哇！”李客收回视线，一边往屋内走，一边说，“就叫李白！”

此时，距离武则天改年号为“大足”仅仅过去十三天。

第二天，李府添丁名叫李白的消息传开了，亲朋好友、商贾士绅纷纷前来道贺。大家齐聚一堂，既为女皇大赦天下欢喜，又为李府添丁庆贺。谁都没有料到，这个男孩儿，将来会名震天下，以绝妙诗文名垂千古。

铁杵成针

只要功夫深，铁棒也能磨成针！

lǐ bái cóng xiǎo jiù cōng huì guò rén zǎo zǎo jiù dú wán le zhū
李白从小就聪慧过人，早早就读完了诸
zǐ bǎi jiā bú guò yǔ qí tā shào nián yí yàng nián shào shí de
子百家。不过，与其他少年一样，年少时的
lǐ bái yě hěn tān wán dāng sòng dú nà xiē shēn ào de jīng shū shǐ
李白也很贪玩。当诵读那些深奥的经书、史
shū gǎn jué kū zào fá wèi shí tā yě huì biān zào gè zhǒng lǐ yóu
书，感觉枯燥乏味时，他也会编造各种理由
diū xià shū běn yǔ yì bāng shào nián táo xué chū yóu
丢下书本，与一帮少年逃学出游。

tīng shuō lǐ bái jīng cháng yǔ tóng chuāng táo xué fù qīn lǐ kè
听说李白经常与同窗逃学，父亲李客
yì hěn xīn biàn bǎ lǐ bái sòng dào le shān zhōng shū wū qù dú shū
一狠心便把李白送到了山中书屋去读书。
shuí zhī yí rù shān lín lǐ bái jiù hǎo xiàng yú ér dé le shuǐ yì
谁知，一入山林，李白就好像鱼儿得了水一
bān wán de gèng jiā tòng kuài le chú le yán xí dào shù tā hái
般，玩得更加痛快了，除了研习道术，他还
mí shàng le shuǎ jiàn
迷上了耍剑。

yì tiān chī wán wǔ fàn lǐ bái ná qǐ shū dú le qǐ lái
一天吃完午饭，李白拿起书读了起来，

可没过半炷香的时间，他就又学不下去了。随后，李白将书往案上一扔，拎着自制的竹剑就溜出了书屋。书屋位于两山之间，背面有参天大树遮天蔽日，正面有开阔的原野，侧面有一条小溪沿山涧沟壑往原野流去。小溪两侧野草丛生，还有各色野花点缀其间。

李白顺着溪流走去，嘴里念叨着新学会的剑招要领，手中挥舞着竹剑。一时间，身旁的野草被李白斩得漫天飞舞，他的脸上洋溢着兴奋又满足的笑容。突然，前路被一片茂盛的野草挡住了，除了潺潺的溪流声之外，好像还有阵阵研磨之声。

李白轻轻地走上前，扒开野草四处张望，这才发现前边是个浅滩，岸上有位银发老奶奶，好像在洗衣物。李白跳出草丛，

lái dào lǎo nǎi nai shēn biān zhè cái fā xiàn lǎo nǎi nai bìng bú shì zài
来到老奶奶身边，这才发现，老奶奶并不是在
xǐ yī wù ér shì zài yí kuài dà shí tou shàng mó yì gēn tiě bàng
洗衣物，而是在一块大石头上磨一根铁棒。

lǐ bái jué de qí guài jiù wèn dào lǎo nǎi nai nín
李白觉得奇怪，就问道：“老奶奶，您
zhè shì zài zuò shén me ya
这是在做什么呀？”

wǒ zài mó zhēn na
“我在磨针哪。”

shén me mó zhēn lǐ bái jiǎn zhí bù gǎn xiāng xìn zì
“什么，磨针？”李白简直不敢相信自
jǐ de ěr duo zhè me cū de yì gēn tiě bàng mó chéng zhēn de
己的耳朵，“这么粗的一根铁棒磨成针的
huà nà děi mó dào shén me shí hou wa
话，那得磨到什么时候哇？”

shì ya tiě bàng yòu cū yòu dà yào bǎ tā mó chéng xì
“是呀，铁棒又粗又大，要把它磨成细
xì de zhēn dí què hěn kùn nan lǎo nǎi nai méi yǒu tíng xià shǒu lǐ
细的针的确很困难。”老奶奶没有停下手里
de huór biān mài lì de mó tiě bàng biān shuō kě shì wǒ měi
的活儿，边卖力地磨铁棒边说，“可是我每
tiān bù tíng de mó ya mó zǒng yǒu yì tiān huì bǎ tā mó chéng zhēn
天不停地磨呀磨，总有一天，会把它磨成针
de zhǐ yào gōng fu xià de shēn tiě bàng yě néng mó chéng zhēn
的。只要功夫下得深，铁棒也能磨成针！”

nián yòu de lǐ bái shì gè wù xìng jí gāo de hái zi tīng le
年幼的李白是个悟性极高的孩子，听了
lǎo nǎi nai de huà tā hū rán míng bai le yí gè dào lǐ bú lùn
老奶奶的话，他忽然明白了一个道理：不论
zuò shén me shì dōu yào yǒu héng xīn tiān tiān jiān chí qù zuò jiù
做什么事，都要有恒心，天天坚持去做，就

李白在逃学路上遇到一位老奶奶正在岸边磨铁棒。

一定能做成。像自己这样贪玩、怕困难，能学到什么呢？李白心中不由得有些惭愧。

“老奶奶，谢谢您！”

随后，李白飞快地往书屋跑去。从此以后，李白再也没有逃过学。他的天资也由此得到了充分发挥，不到十岁就将《诗》《书》研习完了，而且能够出口成章、下笔成文，还立下了拜相封侯、报效国家的远大志向。

巧诗化险

若非是织女，何必问牵牛。

听说李白年纪轻轻就才学过人、能诗擅赋，昌隆（今四川江油）县县令对李白

chǎn shēng le nóng hòu de xìng qù xīn xiǎng rú guǒ wǒ néng pìn qǐng
产生了浓厚的兴趣，心想：如果我能聘请
dào zhè yàng yí gè rén cái zuò wéi wǒ de shǔ xià nà me sì lǐ bā
到这样一个人才作为我的属下，那么四里八
xiāng dōu huì chēng zàn wǒ shì yí gè shí cái ài cái de hǎo guān shuō
乡都会称赞我是一个识才爱才的好官，说
bú dìng wǒ hái huì yīn wèi jǔ xián rèn néng ér dé dào shàng jí de jiā
不定我还会因为举贤任能而得到上级的嘉
jiǎng ne kuàng qiě yǒu zhè yàng yí gè cái zǐ gēn suí zuǒ yòu wǒ
奖呢。况且，有这样一个才子跟随左右，我
yǐ hòu xiě wén shū yín shī zuò fù jiù bú yòng fā chóu le zhè yàng
以后写文书、吟诗作赋就不用发愁了。这样
yì jǔ duō dé de hǎo shì hé lè ér bù wéi ne
一举多得的好事，何乐而不为呢？

xiǎng dào zhè lǐ xiàn lìng xīn xǐ wàn fēn lì kè pài qiǎn guān
想到这里，县令欣喜万分，立刻派遣官
chāi qù dēng mén bài fǎng yào pìn qǐng lǐ bái wéi yá men de xiǎo lì
差去登门拜访，要聘请李白为衙门的小吏。
jiàn yá men lái rén le lǐ jiā zhòng rén yì shí jiān jīng huāng bù
见衙门来人了，李家众人一时间惊慌不
yǐ hái yǐ wéi jiā lǐ chū le shén me shì dé zhī yuán wěi hòu
已，还以为家里出了什么事，得知原委后，
zhòng rén cái fàng xià xīn lái
众人才放下心来。

lǐ kè lái dào shū fáng jiāng guān chāi lái fǎng de shì gào su lǐ
李客来到书房，将官差来访的事告诉李
bái lǐ bái tīng hòu yě yǒu xiē chà yì lián máng yǔ fù qīn yì
白。李白听后，也有些诧异，连忙与父亲一
tóng dào kè tīng jiàn guān chāi
同到客厅见官差。

guǒ rán rú chuán wén suǒ jiǎng zhēn shì yì biǎo rén cái fēi
“果然如传闻所讲，真是一表人才，非

tóng yì bān na nà guān chāi kàn dào lǐ bái hòu dà wéi jīng tàn
同一般哪！”那官差看到李白后大为惊叹，
gǎn jǐn dào míng lái yì shuō xiàn lìng xiǎng qǐng tā qù dān rèn xiàn fǔ yá
赶紧道明来意，说县令想请他去担任县府衙
men xiǎo lì
门小吏。

lǐ bái tīng hòu běn xiǎng lì mǎ jù jué kě zhuǎn niàn yì xiǎng
李白听后本想立马拒绝，可转念一想：
wǒ shēng yú shāng gǔ zhī jiā àn dà táng lǜ lìng shì bù kě yǐ
我生于商贾之家，按大唐律令，是不可以
cān jiā kē jǔ zǒu shàng shì tú de xiǎo lì suī rán bú shì shén me zhí
参加科举走上仕途的。小吏虽然不是什么值
dé xuàn yào de zhí wèi què yě shì yì tiáo zǒu shàng shì tú de kě xíng
得炫耀的职位，却也是一条走上仕途的可行
zhī dào bú shì yě yǒu hěn duō qián rén cóng xiǎo lì yì zhí zuò dào le
之道。不是也有很多前人从小吏一直做到了
hěn dà de guān ma
很大的官吗？

lǐ bái de fù qīn yě shì zhè yàng xiǎng de jiù zhè yàng lǐ
李白的父亲也是这样想的。就这样，李
bái xīn rán fù rèn le
白欣然赴任了。

lǐ bái de zhí wèi xiāng dāng yú yá men lǐ de yí gè wén shū
李白的职位相当于衙门里的一个文书。
rú guǒ xiàn lìng wài chū shì chá lǐ bái jiù gēn suí qí zuǒ yòu
如果县令外出视察，李白就跟随其左右。

jù shuō mǒu tiān xián lái wú shì lǐ bái zài yá men yuàn nèi yì
据说，某天闲来无事，李白在衙门院内一
biān duó bù yì biān sī kǎo zhe wèn tí tū rán yuàn wài chuán lái
边踱步，一边思考着问题。突然，院外传来
yí zhèn jiào shēng mōu tā wǎng mén wài dìng jīng yí kàn yuán
一阵叫声：“哞——”他往门外定睛一看，原来是一个牧童牵着一头牛从衙门外经过。他眼前一亮，似乎解决了心中的难题，随后欣喜地走到门外，跟牧童小声说了几句话。

牧童把牛绳递给了李白，李白把牛牵进衙门，往公堂方向走去。他才走了七八步，迎面就碰上了县令夫人。好巧不巧，那头牛突然甩了几下尾巴，将几滴泥水甩到了县令夫人身上。县令夫人勃然大怒，冲李白喊道：“你这个小吏竟敢把牛牵到这里来！”

这时，县令正好走过来，县令夫人立刻就向县令告了状。

县令看看牛，又看看李白，面露怒色，

正准备开口责备李白，李白却镇定自若，抑扬顿挫地吟出一首诗来：

素面倚栏钩，娇声出外头。
若非是织女，何必问牵牛？

“好诗好诗！”县令一听，面露喜色，转头对县令夫人说，“夫人息怒，李白这是把你比作仙女呀！”县令夫人一听，立刻转怒为喜，不再追究李白牵牛进县衙的过错了。李白这才得以全身而退，将牛还给了牧童。

其实，李白一直想向县令进言，希望他能重视农耕。这件事很早就有人提过，但县令一直置若罔闻。牧童牵牛经过县衙让李白想到了一个好主意。可惜经过县令夫人这么一闹，李白的一番苦心全白费了。

暗讽县令

因何逢伍相，应是想秋胡。

李白在县里做小吏时，还有这样一个传说。夏天到来，江水上涨得很快，似乎有发洪水的迹象。县令得知后，便带领属下前去考察水情。这时，有人发现水面上好像漂浮着一具尸体，不久便随着江中的波浪漂荡，由远而近，渐渐地漂到了岸边。

大家上前一瞧，发现是一具女尸。有经验的衙役上前仔细查看了一番，说这女子是溺水而亡的。众人七嘴八舌地议论开来：有的说这女子是不小心掉到河里的；有的说可能是遇到了坏人，被推到了河里；还有的说她可能是想不开，自寻短见。大家议论纷纷，没有一个定论。

县令见到女尸，不抓紧派人侦查案情，却诗兴大发。只见他捻了捻胡须，想了半天，挤出两句：“二八谁家女？漂来倚岸芦。”吟诵完毕，他感觉非常满意，便又捻了好大一会儿胡须，终于挤出另外两句：“鸟窥眉

上翠，鱼弄口旁朱。”随后，又让李白吟诵几句。

李白知道县令有些昏庸，今天又见他如此亵渎尸体，消极办案，早就按捺不住心中的怒火，便脱口咏道：“绿鬓随波散，红颜逐浪无。因何逢伍相，应是想秋胡。”

话音刚落，在场的人都向李白投来钦佩的目光，随即又为他捏了一把冷汗。原来这句诗里运用了两个典故。

诗中的“逢伍相”涉及伍子胥的故事。当年伍子胥被楚平王追杀，在逃亡途中，曾向一位在河边浣纱的女子问路并希望乞讨一些食物，女子好心帮助了他。伍子胥离开前请女子不要泄露自己的行踪，浣纱女为使其安心，竟选择投河自尽。

“想秋胡”是另外一个故事。鲁人秋胡娶

妻五天后赴远方为官，五年后回到家乡，见一个采桑女子很漂亮，便上前挑逗，女子果断拒绝，秋胡惭愧离去。回家后，秋胡发现刚才所调戏的女子竟是自己的妻子。妻子非常气愤，指责其好色无度，最终投河自尽。

“因何逢伍相，应是想秋胡”意思是说：这个女子肯定不是为伍子胥那样的忠臣而舍生取义，倒像是因秋胡那样的好色男子含恨而死。很明显，李白是在暗讽县令就是这样的一个好色之徒。县令听出诗里的讽刺意思，非常恼火，脸立马就黑了下来，拂袖而去。

李白满腹才学，不想受这昏官的气，于是毫不犹豫地脱下小吏官服，头也不回地走了。

隐居读书

青出于蓝而胜于蓝。

唐代时，朝廷崇信道教，道教宫观遍布全国，又加上“蜀国多仙山”，处处弥漫着浓厚的神仙气息。在这样得天独厚的环境氛围中，李白从小就慕仙崇道。

一个偶然的机会，李白听说附近州县梓州（今四川三台）有一位名叫赵蕤、号东岩子的隐士。此人自幼爱好帝王之学，通读百家之书，后来到山中隐居，一边著书立说，一边过起了逍遥自在的生活。

李白决定前去探访赵蕤，并拜他为师。

李白离开家乡绵州昌隆县青莲乡，不辞辛苦，风餐露宿，最后在梓州郪县长平山上找到了赵蕤，并请求赵蕤收他为徒。赵蕤早就听说过李白的大名，知道他天资聪颖，又见李白气度不凡，而且不畏艰难找到此处，意志坚定，诚意十足，便答应了李白的请求。从此，李白就跟随赵蕤隐居山中，潜心学习。

赵蕤长于纵横之术，著有《长短经》。《长短经》共十卷，六十三篇，书中既有治国之道，又有立身之学。赵蕤教育有方，并不让李白死记硬背，而是与他一起研讨。他们常常漫步在山水之间，赵蕤会以历史故事为引，启发李白思考其中的道理。李白对赵蕤这位学识渊博的老师十分敬佩，每天白天认真听赵蕤讲授治国之道以及纵横术，晚上

勤奋读书，细细揣摩领悟白天所学知识。

在二人相处的过程中，李白的才华逐渐展露。他的诗词创作也日益精进，充满了豪情壮志与对未来的憧憬。赵蕤看着李白的成长，心中满是欣慰。他知道，自己的教育方法是正确的，李白必将在未来的人生道路上绽放出耀眼的光芒。而李白也对老师充满了感激之情，他明白，若没有赵蕤的悉心教导，自己不会有如此迅速的进步。

后来，赵蕤和李白被人们并称为唐代的“蜀中二杰”，李白秉承赵蕤的儒家风范、道家思想以及豪侠性格，青出于蓝而胜于蓝。

婉拒刺史

你年纪轻轻，就不想建功立业、报效国家吗？

赵蕤在附近的山林中饲养了许多珍禽异鸟。由于赵蕤常年给这些鸟喂食，它们只

yào yì tīng dào zhào ruí de hǎn shēng jiù huì cóng sì miàn bā fāng fēi guò
要一听到赵蕤的喊声，就会从四面八方飞过
lái jù jí zài tā de shēn biān chī shí yǒu de niǎo hái huì luò dào lǐ bái
来，聚集在他的身边吃食。有的鸟还会落到李白
de shǒu shàng zhuó shí yì diǎnr dōu bú pà rén
的手上啄食，一点儿都不怕人。

yǒu yì tiān yí wèi qiáo fū jìn shān kǎn chái wú yì zhōng kàn
有一天，一位樵夫进山砍柴，无意中看
dào le zhè yí mù fēi cháng jīng yà yǐ wéi tā liǎ shì xià fán de
到了这一幕，非常惊讶，以为他俩是下凡的
shén xiān néng zhǐ huī niǎo fēi lái fēi qù qiáo fū féng rén jiù shuō zhè
神仙，能指挥鸟飞来飞去。樵夫逢人就说这
zhuāng qí shì jiàn jiàn de yī chuán shí shí chuán bǎi hěn kuài
桩奇事，渐渐地，一传十，十传百，很快
dà jiā dōu zhī dào le shān shàng chū xiàn le liǎng gè huó shén xiān
大家都知道了：山上出现了两个活神仙，
tā liǎ shàn cháng yù shòu shù kě yǐ suí yì zhǐ huī qín niǎo
他俩擅长驭兽术，可以随意指挥禽鸟。

bù jiǔ zhè jiàn qí shì chuán dào le dāng dì cì shǐ de ěr
不久，这件奇事传到了当地刺史的耳
zhōng cì shǐ zuò bú zhù le gǎn jǐn mìng yá yi bèi hǎo chē mǎ
中。刺史坐不住了，赶紧命衙役备好车马。
tā yào qīn zì shàng shān dǎ tàn yì fān rú guǒ chuán yán shǔ shí
他要亲自上山打探一番，如果传言属实，
tā jiù yāo qǐng liǎng wèi shén xiān chū shān
他就邀请两位神仙出山。

hěn kuài cì shǐ chéng zuò mǎ chē lái dào le cháng píng shān jiǎo
很快，刺史乘坐马车来到了长平山脚
xià rán hòu yòu gǎi qí mǎ shàng shān mǎ xíng dào bàn shān yāo jiù
下，然后又改骑马上山。马行到半山腰就
lèi de qì chuǎn xū xū de bù fá yě màn le xià lái zhè yuàn
累得气喘吁吁的，步伐也慢了下来。这怨

不得马，只因那山路实在崎岖难行。刺史无奈，只得下马步行。不知走了多久，刺史累得气喘吁吁，茫然地望着前方。

忽然，前方的树林中传来一阵长啸。紧接着，林中又传来阵阵鸟鸣。抬头看，却见半空中如乌云蔽日，无数奇禽异鸟扑扇着翅膀，从四面八方飞向啸声传来的地方。

刺史意识到传说中的神仙出现了，赶紧命众人快步前行。一路上，他们看到了各种鸟，可鸟竟然不怕人，依旧一直朝前飞去。众人急速前行，眼前突然出现一处空地，空地上全是嶙峋怪石。怪石旁站着两个人：一位老者，鹤发童颜；一位青年，气度非凡。先前看到的那些鸟聚集在他俩的周围，有的埋头啄食撒在地上的谷粒，有的悠闲地踱步，还有数只立在少年的肩膀上，安静地梳理着羽毛。

刺史一行人非常惊讶。突然，一只胆大的鸟飞到了刺史的纱帽上，左顾右盼，发出咕咕的叫声。刺史想把鸟赶走，却又不敢动手，就眼巴巴地望着老者。他正要开口求救，那老者却说话了：“快快下来，不得无礼！”

令人惊奇的是，那鸟竟然听话地张开翅膀，飞了下来。谁知那鸟刚刚落地，却又一扇翅膀飞到了一个官差的帽子上。大概它们没有见过帽子，觉得新奇，就想飞上去看看。那官差见鸟飞落在了自己的帽子上，吓了一跳，也不敢动手驱赶，只好站在原地，不知如何是好。

年轻人见状，大声呼唤道：“这些都是客人，不得无礼，你还是到我这里来吧！”

话音刚落，那鸟就振翅而起，飞到了年轻人的手上。年轻人轻轻地抚摸着鸟的脑袋，那鸟似乎很舒服，发出咕咕的叫声。见此情形，刺史更是钦佩不已，他先是表明了自己的身份，接着向老者解释道：“听说长平山中住着两位活神仙，今日一见，果然名不虚传。当今天下正是需要人才之时，两位与其埋没深山之中，不如出山。如此既可报效国家，又可光宗耀祖，何乐而不为呢？”

老者就是赵蕤，年轻人则是李白。赵蕤婉拒道：“多谢您不辞劳苦前来寻访。只可惜我隐居山林，已经散漫惯了，恐怕受不了做官的规矩。”

刺史又劝说了很久，但赵蕤依旧不改初衷。刺史无奈，只得转向李白：“你年纪

刺史亲自前往长平山，拜访隐居在此的赵蕤和李白。

qīng qīng jiù bù xiǎng jiàn gōng lì yè bào xiào guó jiā ér nìng yuàn
轻轻，就不想建功立业、报效国家，而宁愿
zhè yàng zhōng lǎo shān lín ma
这样终老山林吗？”

lǐ bái duì dāng shí guān fǔ yá men de hēi àn hěn shī wàng suǒ
李白对当时官府衙门的黑暗很失望，所
yǐ yě háo bù yóu yù de jù jué le
以也毫不犹豫地拒绝了。

jiàn tā men tài dù rú cǐ jiān jué cì shǐ zhī dào shuō zài duō
见他们态度如此坚决，刺史知道说再多
yě wú yì zhǐ hǎo gǒng shǒu gào cí shī luò de lí kāi le
也无益，只好拱手告辞，失落地离开了。

知识窗

神都

光宅元年（684年），武则天临朝称制（中国古代后宫女性不能上朝，所以女性统治者代理皇帝就称作“临朝称制”），改东都洛阳为神都，寓意“神州大地之都”。当时的洛阳极其繁华，文化昌盛，经济发达，被称作“神都”毫不为过。此后，中国再无任何城市被官方命名为神都。

第二章 干谒受挫

在长平山隐居的李白，内心仍然渴望成就一番事业。既然科举的道路行不通，李白又深信自己拥有一身才华，定能有所作为，便选择干谒这条路，以期望得到官家的赏识。他走出长平山，踏上了干谒之路。

拜见苏长史

若广之以学，可以相如比肩也。

shí guāng sì jiàn zhuǎn yǎn yì nián duō guò qù le dà táng wáng
时光似箭，转眼一年多过去了。大唐王
cháo zài táng xuán zōng de zhì lǐ xià chéng xiàn chū yí pài xīn xīn xiàng róng
朝在唐玄宗的治理下，呈现出一派欣欣向荣
de jǐng xiàng
的景象。

lǐ bái suī rán yǐn jū shān zhōng què bìng fēi bú wèn shì shì
李白虽然隐居山中，却并非不问世事。
cì shǐ de lái fǎng zài lǐ bái de xīn zhōng xiān qǐ le bù xiǎo de bō
刺史的来访在李白的心中掀起了不小的波
lán tā hé cháng bù xiǎng píng zì shēn cái xué bào xiào guó jiā rú jīn
澜。他何尝不想凭自身才学报效国家？如今
yǐn jū shān lín qí shí yě shì wú nài zhī jǔ
隐居山林，其实也是无奈之举。

yì tiān yè lǐ lǐ bái zuò le yí gè mèng mèng jiàn zì jǐ biàn
一天夜里，李白做了一个梦，梦见自己变
chéng le yì zhī dà péng zhǎn chì xiàng zhe hào hàn wú biān de tiān kōng fēi
成了一只大鹏，展翅向着浩瀚无边的天空飞
qù xǐng lái hòu lǐ bái ruò yǒu suǒ sī jué dìng chū shān
去。醒来后，李白若有所思，决定出山。

第二天清晨，薄雾还没散去，李白与赵蕤告别后，便下山直奔成都去了。

成都历史文化悠久，风光秀丽，是一座繁华的大都市，李白向往已久。这一天，李白来到了成都，在驿亭休息时得知宰相苏颋因治理民间私人铸钱一事过急，激起民愤，触怒皇帝，而被贬为益州（治所在今四川成都）长史，即将来成都上任。苏颋为人宽厚谦逊，善于发现人才，提携后进。李白早就对他十分仰慕，得知这个消息后非常兴奋。

等了没多久，突然传来一阵喧闹声，紧接着就听到衙役喊道：“长史驾到，闲杂人等，速速回避！”

是苏颋大人到了！李白高兴地赶紧拿出早就准备好的诗文。很快，护送苏颋的人马来到驿亭。李白走上前，与衙役打了声招呼，报上自己的姓名，并呈上自己的作品。

苏颋看了李白的作品后，赞不绝口，夸奖李白“天才英丽，下笔不休”，还预言“若广之以学，可以相如比肩也”，意思是如果继续广泛地学习，定可以与汉代辞赋家司马相如相比肩。

李白听到这样一位声名显赫的长辈的称赞，备受鼓舞。

然而在成都待了一段时间，却始终没有得到被举荐的消息。李白不甘心，就想去渝州（今重庆）碰碰运气。他向渝州刺史李邕献上自己的诗文，不料却受到轻视，一气之下，李白写下《上李邕》一诗表达自己的不满，诗中“大鹏一日同风起，扶摇直上九万里”展现了他的凌云壮志。

李白在川渝两地接连受挫，无奈之下

huí dào jiā xiāng tā jué dìng tīng cóng sū tǐng de jiào huì jīng jìn zì
回到家乡。他决定听从苏颋的教诲，精进自
jǐ de xué yè yú shì tā tiān bú liàng jiù kāi shǐ dú shū yè shēn
己的学业。于是他天不亮就开始读书，夜深
le hái néng kàn dào tā kǔ dú de shēn yǐng
了，还能看到他苦读的身影。

lǐ bái duì jiàn shù yě cóng wèi xiè dài guo tā cháng cháng zài yuè
李白对剑术也从未懈怠过。他常常在月

光下举杯畅饮，饮到半醉时，皎洁朦胧的月光常会勾起他练习剑术的兴致。李白从剑鞘中拔出宝剑，一道寒光与月光相映生辉；他一手拿着酒壶，一手舞着宝剑，剑如游龙，剑光逼人。

拜会白云子

获得大师指点，萌生凌云之志。

光阴荏苒，转眼到了开元十二年（724年），二十三岁（为了方便小读者理解，本书中人物年龄均按公历实际年龄计算）的李白离开故乡，踏上了漫游的征途。

船经过峨眉山时已是夜幕降临，时值初秋，半轮明月悬在半空，浩浩江水汩汩流淌。李白回望身后，故乡已经越来越远，如今他这一去，不知道什么时候才能再回来，心中有些感伤，于是提笔写下了千古绝唱《峨眉山月歌》：

峨眉山月半轮秋，影入平羌江水流。
夜发清溪向三峡，思君不见下渝州。

故乡虽然令人留恋，但是一想到心藏多年的远大抱负，李白很快就将一切烦恼抛到脑后，乘船沿江继续前行了。李白乘船东下，一路上经过了渝州、夔州（今四川奉节）等地，沿途山水胜景使他处处流连，巴人的歌谣也让他时时驻足。直到第二年的春天，他才出了三峡，来到江陵。

江陵是一座历史名城，当年楚文王迁都江陵，建郢都，这里和成都一样繁华。在江陵的那段日子里，李白或是到城南打

猎，或是泛舟江湾，日子过得十分惬意。

一天，李白听说道教大师司马承祯要去南岳衡山，正经过此地。李白早就听说过司马承祯的大名，他在嵩山学了一整套道家法术之后，遍游天下名山，最后隐居在天台山玉霄峰，自号白云子。司马承祯不但道行高深，还博学能文，写得一手好字，诗也飘逸如仙。朝廷多次给司马承祯加封官爵，他都固辞不受。唐玄宗非常尊敬他，曾派使者将他迎入宫中，亲受法箓。

司马承祯好道而无心仕途，多次拒绝了朝廷的赏赐，因此声名远扬，天下贤才都万分敬佩，李白当然也是其中之一。所以，他迫不及待想要拜访司马承祯。

可是，当李白找到司马承祯的住处时，发现拜访他的门客络绎不绝，所求都是炼丹术，所讲都是俗套虚文，司马承祯勉强应付着，深感疲倦。李白等了好久，才被请进去，见到了司马承祯。司马承祯见李白身如青松、目若闪电，与众不同，顿时多了几分好感。李白向他求教《老子》《庄子》中的疑惑之处，只要司马承祯稍一指点，李白便能举一反三。司马承祯大为欢喜，觉得李白天资聪颖，很有见识，最后临别前，他对李白说：“我看你眉眼间充满英气，言谈举止不凡，日后必成大器。以你的才情与悟性，若能坚守本心，定能在这世间留下不朽之名。我看你的气度，非凡俗可比，望你能秉持这份灵性，追求更高的境界。去吧，去追寻你的大道，让这天地间因你的存在而更加精彩。”李白闻言，心中豁然开朗，拱手向司马承祯深深一拜，转身离去。

lǐ bái huí dào zhù chù yì lián jǐ tiān dōu zài huí wèi sī
李白回到住处，一连几天都在回味司
mǎ chéng zhēn duì zì jǐ de zhǐ diǎn hé zàn yáng bù jīn xīn cháo péng
马承祯对自己的指点和赞扬，不禁心潮澎
pài méng shēng chū líng yún zhī zhì fú xiǎng lián piān zhōng lǐ bái
湃，萌生出凌云之志，浮想联翩中，李白
xiǎng qǐ zhuāng zǐ xiāo yáo yóu zhōng suǒ shuō de kūn péng tí bǐ
想起《庄子·逍遥游》中所说的鲲鹏，提笔
xiě xià le dà péng fù
写下了《大鹏赋》：

nán huá lǎo xiān fā tiān jī yú qī yuán tǔ zhēng róng zhī gāo
……南华老仙发天机于漆园，吐峥嵘之高
lùn kāi hào dàng zhī qí yán zhēng zhì guài yú qí xié tán běi míng zhī yǒu
论，开浩荡之奇言，徵至怪于齐谐，谈北溟之有
yú wú bù zhī qí jǐ qiān lǐ qí míng yuē kūn huà chéng dà péng zhì
鱼，吾不知其几千里，其名曰鲲。化成大鹏，质
níng pēi hún tuō qí liè yú hǎi dǎo zhāng yǔ máo yú tiān mén shuā bó xiè
凝胚浑。脱鬐鬣于海岛，张羽毛于天门。刷渤澥
zhī chūn liú xī fú sāng zhī zhāo tūn chǎn hè hū yǔ zhòu píng líng hū kūn
之春流，晞扶桑之朝暾。燀赫乎宇宙，凭陵乎昆
lún yì gǔ yì wǔ yān méng shā hūn wǔ yuè wèi zhī zhèn dàng bǎi chuān
仑。一鼓一舞，烟朦沙昏。五岳为之震荡，百川
wèi zhī bēng bēn
为之崩奔……

痛失好友

我一定会再来此地。

八百里洞庭湖，烟波浩渺，湖光山色交相辉映，自古以来就是文人墨客畅游的地方。李白从江陵南下，途经岳阳，自然也不会错过这人间美景。

这天，艳阳高照，微风轻拂，李白与同乡好友吴指南兴致勃勃地在洞庭湖上泛舟。他们一边欣赏着大好风光，一边憧憬着未来的美好生活，心情大好。突然，吴

指南手捂腹部，脸色非常难看。李白关切地询问情况，吴指南艰难地说出“腹痛难忍”四个字，便痛得再也说不出话来。李白见状，赶紧让船家划船靠岸。

然而，离岸边还有很远的一段距离，吴指南就腹痛到上气不接下气，额头上渗出大颗汗珠。船家只得在一处荒地岸边将船停了下来。接着，李白和船家一起将吴指南扶下船。可没走几步，吴指南就瘫坐下来，李白轻声呼唤吴指南，他却没有回应。船家将手指轻轻放在吴指南的鼻孔边，发现他已经没了呼吸，既惊讶又惋惜地说道：“他已经死了。”

船家的话如同晴天霹雳，击在李白的心头，他抱着吴指南号啕大哭起来。

船家见状，好心地拉起李白，劝慰道：

rén sǐ bù néng fù shēng nǐ yào jié āi ya
“人死不能复生，你要节哀呀！”

lǐ bái zhèng tuō chuán jiā de shǒu yī jiù shāng xīn de kū gè
李白挣脱船家的手，依旧伤心地哭个
bù tíng bù zhī bù jué tiān sè yǐ wǎn chuán jiā shí zài quàn shuō
不停。不知不觉，天色已晚，船家实在劝说
bù liǎo lǐ bái biàn huá chuán lí qù le lǐ bái dú zì yì rén shǒu
不了李白，便划船离去了。李白独自一人守
zài wú zhǐ nán de yí tǐ páng mò mò huí xiǎng qǐ tā men zhī jiān de
在吴指南的遗体旁，默默回想起他们之间的
diǎn diǎn dī dī gèng jiā bēi shāng
点点滴滴，更加悲伤。

yè sè jiàn jiàn zhuǎn nóng zhèn zhèn hán yì xí lái lǐ bái tái
夜色渐渐转浓，阵阵寒意袭来，李白抬
qǐ tóu kàn le kàn sì zhōu zhǐ jué de hēi àn zhōng sì hū yǒu shén
起头，看了看四周，只觉得黑暗中似乎有什
me dōng xi zài kuī shì tā lǐ bái bù jīn dǎ le yí gè hán jìn
么东西在窥视他。李白不禁打了一个寒噤，
chōu chū suí shēn xié dài de bǎo jiàn jǐn jǐn wò zài shǒu zhōng cǐ
抽出随身携带的宝剑，紧紧握在手中。此
shí lǐ bái kàn qīng chu le bù yuǎn chù hēi yā yā de lín zhōng
时，李白看清楚了，不远处黑压压的林中
shǎn zhe liǎng gè guāng diǎn shí fēn yīn sēn kǒng bù tā níng shén xì
闪着两个光点，十分阴森恐怖。他凝神细
sī bù yóu de dào xī le yì kǒu lěng qì liǎng gè guāng diǎn yuè lái
思，不由得倒吸了一口冷气。两个光点越来
yuè jìn yuán lái shì zhī bān lán měng hǔ de yǎn jing
越近，原来是只斑斓猛虎的眼睛！

guǒ rán lǎo hǔ bǎi hǎo le jìn gōng de zī shì liǎng zhī zhuǎ
果然，老虎摆好了进攻的姿势，两只爪
zi xiàng qián yí tàn jiù cuān le guò lái nà sù dù jí kuài rú
子向前一探，就蹿了过来。那速度极快，如

liú xīng bān chōng dào le lǐ bái miàn qián yǎn kàn jiù yào pū dào péng
流星般冲到了李白面前，眼看就要扑到朋
you de shī shēn shàng le zhǐ tīng lǐ bái dà hǒu yì shēng jǔ qǐ
友的尸身上了。只听李白大吼一声，举起
bǎo jiàn xiàng zhe lǎo hǔ cì le guò qù lǎo hǔ tīng dào hǒu shēng
宝剑，向着老虎刺了过去。老虎听到吼声，
yòu jiàn bǎo jiàn hán guāng shǎn shǎn zhǐ hǎo duǒ shǎn kāi tā dèng zhe
又见宝剑寒光闪闪，只好躲闪开。它瞪着
tóng líng bān de yǎn jing è hěn hěn de wàng zhe lǐ bái lǐ bái yǎn
铜铃般的眼睛恶狠狠地望着李白。李白眼
zhōng nù huǒ zài rán shāo zài cì jǔ jiàn xiàng lǎo hǔ cì qù lǎo
中怒火在燃烧，再次举剑向老虎刺去。老
hǔ chī rén wú shù cóng lái dōu shì rén kàn dào tā sā tuǐ táo pǎo
虎吃人无数，从来都是人看到它撒腿逃跑，
hái cóng wèi yù dào guo rú cǐ dǎn dà bú yào mìng de tā zhāng yá
还从未遇到过如此胆大不要命的。它张牙
wǔ zhǎo de cháo lǐ bái dà hǒu yì shēng xiǎng yào xià tuì lǐ bái dàn
舞爪地朝李白大吼一声，想要吓退李白。但
lǐ bái sī háo bú jù bǎo jiàn jí jiāng jiē jìn lǎo hǔ de liǎn shí
李白丝毫不惧，宝剑即将接近老虎的脸时，
lǎo hǔ jìng wǎng hòu tuì le liǎng bù lǐ bái yí lèng děng huí guò shén
老虎竟往后退了两步。李白一愣，等回过神
lái lǎo hǔ yǐ yǐn rù guàn mù cóng bú jiàn le zōng yǐng
来，老虎已隐入灌木丛，不见了踪影。

lǐ bái jiāng jiàn chā zài dì shàng yòng shǒu zhǔ jiàn cháng cháng de
李白将剑插在地上，用手拄剑，长长地
shū le yì kǒu qì zhè cái fā xiàn quán shēn dōu bèi hàn shī tòu le
舒了一口气，这才发现全身都被汗湿透了。
tā huí tóu wàng zhe péng you de shī shēn dān xīn lǎo hǔ huì juǎn tǔ
他回头望着朋友的尸身，担心老虎会卷土
chóng lái biàn mò mò sī kǎo qǐ xià yí bù de duì cè yè fēng wēi
重来，便默默思考起下一步的对策。夜风微

liáng yuè guāng méng lóng lǐ bái xīn zhōng de yōu shāng qī liáng gèng jiā
凉，月光朦胧，李白心中的忧伤凄凉更加
nóng zhòng le tā qīng tàn le yì kǒu qì hū rán shēn hòu yòu
浓重了，他轻叹了一口气。忽然，身后又
chuán lái sù sù de cǎo mù shēng nán dào lǎo hǔ gǎi biàn cè lüè cóng
传来簌簌的草木声。难道老虎改变策略从
hòu miàn lái gōng jī le lǐ bái gǎn jǐn yòu bá chū bǎo jiàn hù zài
后面来攻击了？李白赶紧又拔出宝剑，护在
shēn qián
身前。

guò le yí huìr chū xiàn le yí gè rén yǐng yuán lái shì
过了一会儿，出现了一个人影，原来是
chuán jiā huí lái le lǐ bái jiāng bǎo jiàn chā huí qiào zhōng shǒu zhe
船家回来了。李白将宝剑插回鞘中，守着

朋友的尸身坐下来，与船家讲起了刚才与虎对峙的经过。船家不禁对李白投去敬佩的目光，同时担心老虎去而复返，劝他赶紧填饱肚子，好让朋友入土为安。

李白哪里吃得下去，他挥袖擦了擦眼角，缓缓站起身。他在附近转了一圈，最后在一棵柳树下安葬了好友。

李白跪在简陋的坟前，小声祷告。船家从附近的一条破船上拆下来一块木板，帮李白做成了一个简陋的墓碑，让他立在了朋友的坟前。李白执笔，在碑上写下几个大字：“好友吴指南之墓。”安葬完吴指南，天已大亮，李白在吴指南坟前暗暗发誓，自己定会再来此地转葬好友的尸骨，让他能够魂归故里。

结识孟浩然

你我二人把酒言欢，真是人生一大快事！

李白一路游览，路过江西庐山时，秀美的山水风景顿时吸引了他，也激发了他的灵感。他驻足山中，挥笔写下了千古名诗《望庐山瀑布》：

日照香炉生紫烟，遥看瀑布挂前川。
飞流直下三千尺，疑是银河落九天。

随后李白便下山登舟，继续顺江东下。李白在舟头看见两边的奇山迎面而来，犹如门形。在船家的告知下，李白得知这便是大名鼎鼎的天门山。两山隔江相峙而立，一叶小舟从水天相接处驶来。见此情景，李白诗兴大发，《望天门山》一诗脱口而出：

天门中断楚江开，碧水东流至此回。
两岸青山相对出，孤帆一片日边来。

开元十三年（725年）秋末，李白来到了六朝古都金陵（今江苏南京）。李白首先去拜访了当地的官吏和一些社会名流，可大家都因响应朝廷的诏令，在准备去泰山参加封禅典礼的事宜，顾不得接见他。于是，李白只得独自登临故城遗址，凝望万里长江，或游走于金陵游侠中，或流连于歌台舞榭中。

一天夜里，李白徘徊在金陵城西楼，月朗星稀，凉风四起。想到自己难遇伯乐，壮志未酬，万千悲苦此刻涌入心头，李白怅然若失，又想到南齐诗人谢朓的诗句，李白对谢朓的崇敬和追慕之情油然而生，于是写下

jīn líng chéng xī lóu yuè xià yín
《金陵城西楼月下吟》：

jīn líng yè jì liáng fēng fā， dú shàng gāo lóu wàng wú yuè
金陵夜寂凉风发，独上高楼望吴越。

bái yún yìng shuǐ yáo kōng chéng， bái lù chuí zhū dī qiū yuè
白云映水摇空城，白露垂珠滴秋月。

yuè xià chén yín jiǔ bù guī， gǔ lái xiāng jiē yǎn zhōng xī
月下沉吟久不归，古来相接眼中稀。

jiě dào chéng jiāng jìng rú liàn， lìng rén cháng yì xiè xuán huī
解道澄江净如练，令人长忆谢玄晖。

dì èr nián chūn tiān， lǐ bái biàn zhǔn bèi lí kāi jīn líng， qián wǎng yáng zhōu。 zài lǐ bái lí kāi qián xī， yǒu rén fēn fēn qián lái wèi tā sòng xíng， duān zhe měi jiǔ xiāng quàn， yī yī bù shě。
第二年春天，李白便准备离开金陵，前往扬州。在李白离开前夕，友人纷纷前来为他送行，端着美酒相劝，依依不舍。

yáng zhōu chē shuǐ mǎ lóng， shí fēn rè nao。 lǐ bái yīn qiè de xī wàng néng gòu zài cǐ dì yù dào zì jǐ de bó lè， yú shì tā zài yáng zhōu sì chù bài yè， dàn jié guǒ yī rán shì “shí yè zhū mén jiǔ bù kāi”。
扬州车水马龙，十分热闹。李白殷切地希望能够在此地遇到自己的伯乐，于是他在扬州四处拜谒，但结果依然是“十谒朱门九不开”。

yì tiān yè lǐ， lǐ bái tái tóu wàng jiàn tiān shàng yì lún hào yuè， sī xiāng zhī qíng yóu rán ér shēng， yú shì xiě xià le jiā yù hù xiǎo de míng shī jìng yè sī：
一天夜里，李白抬头望见天上一轮皓月，思乡之情油然而生，于是写下了家喻户晓的名诗《静夜思》：

床前明月光，疑是地上霜。
举头望明月，低头思故乡。

李白在扬州停留了几个月后，依然没有遇到识拔他这匹千里马的伯乐，还将钱花得一干二净，秋天到来竟然病倒在了客栈里。幸好扬州县衙里有一个当县丞的朋友孟少府来看望他，还派人送来了一笔钱，让他寻医求药，这才使李白的病情有了好转。

孟少府还介绍李白前往安州（今湖北安陆），一是因为安州都督马公是个爱才的人，李白前去定会受到赏识；二是因为那里有一户许姓人家，是当地的名门望族，曾托孟少府帮忙为家中女儿留心亲事。这时，孟少府想起了许家之托，觉得李白是不错的人选。

李白考虑到自己眼下别无他路，只好暂

时这样，就收拾行李前往安州了。但是中途李白却改了行程，绕过安州先去了襄阳，去拜访了他仰慕已久的诗人孟浩然。孟浩然是襄州（今隶属湖北）襄阳人，幽居在襄阳鹿门山中。

初次见面，李白恭敬地报上名号，献上诗文。孟浩然对李白的非凡才华和不羁性格也早有耳闻，因此热情地接待了李白。他双手接过诗文，只品读了两三句便大加赞赏："好诗，好诗！"

"早就听说您的大名，今日相见，果然是人如其文，幸会幸会！"李白高兴地说。

说完，两人相视而笑，一切尽在不言中。孟浩然置办酒菜，请李白入座。

两人举杯畅饮，相谈甚欢。不知不觉，两人都喝得醉醺醺的。孟浩然酒意正浓，李白却放下酒杯，歪歪扭扭地站起身，口齿不清地向孟浩然告辞：“今日乘兴而来，你我二人把酒言欢，真是人生一大快事。时间不早了，多谢孟兄的盛情款待，李白告辞，等有机会我们再相聚！”

“今日与贤弟共饮，只觉得相见恨晚，相处太短，贤弟不妨在我这里暂住几日，我们尽情畅谈怎么样？”

盛情难却，李白应允，暂住了下来。随后的几天，孟浩然每日与李白游览山水，尽情畅饮，共同探讨诗文技巧。

两位诗人惺惺相惜，相处愉快，不知不觉半个多月过去了。李白决定继续漫游，于是辞别孟浩然，云游荆楚大地去了。

入赘安陆许家

终究没有找到有希望的出路。

李白在荆楚大地逗留了一段时间后，才由江夏沿汉水北上，来到了安州州治安陆。当时，好友元丹丘也正暂居此地。

李白听说元丹丘也在此地隐居，便先去拜访了他。老友相见，分外开心，自然少不了喝酒。他们二人把酒言欢，从傍晚一直谈到了深夜。元丹丘和安州都督马公是旧相识，得知李白想拜见马公，自然乐意引见。

第二天，元丹丘便带着李白去拜见了马公，如此李白很顺利地成了安州都督的座上客。

bù jiǔ mèng shào fǔ xiàng xǔ jiā tuī jiàn lǐ bái wéi dōng chuáng
不久，孟少府向许家推荐李白为东床
kuài xù de shū xìn yě sòng dào le xǔ yuán wài shǒu zhōng yòu jiā shàng
快婿的书信也送到了许员外手中。又加上
dū du mǎ gōng cóng zhōng cuō he xǔ jiā hěn kuài jiàn le lǐ bái
都督马公从中撮合，许家很快见了李白，
bìng yìng xià le zhè mén hūn shì wéi yī de yāo qiú jiù shì lǐ bái bì
并应下了这门婚事，唯一的要求就是李白必
xū rù zhuì xǔ jiā
须入赘许家。

lǐ bái xíng shì lěi luò bù jū nì fán chén sú tào mǎn kǒu
李白行事磊落，不拘泥凡尘俗套，满口
dā ying le xià lái hěn kuài xǔ fǔ nèi wài zhāng dēng jié cǎi
答应了下来。很快，许府内外张灯结彩，
zài tíng yuàn zhōng dà bǎi yán xí yàn qǐng le ān lù jī hū suǒ yǒu de
在庭院中大摆筵席，宴请了安陆几乎所有的
shè huì míng liú hūn yàn yì zhí chí xù le sān tiān cái jié shù xǔ
社会名流。婚宴一直持续了三天才结束。许
jiā nǚ ér cái mào chū zhòng xìng gé xián shū yòu guì wéi xiàng mén zhī
家女儿才貌出众，性格贤淑，又贵为相门之
nǚ hé lǐ bái de jié hé jiǎn zhí shì tiān zuò zhī hé
女，和李白的结合简直是天作之合。

hūn hòu lǐ bái yǔ qī zi xǔ shì qíng tóu yì hé rì zi guò de
婚后，李白与妻子许氏情投意合，日子过得
shí fēn tián mì lǐ bái měi rì qián xīn gōng dú xián xiá shí yě huì yǔ qī
十分甜蜜。李白每日潜心攻读，闲暇时也会与妻
zi xǔ shì yì qǐ tǎo lùn shī wén shēng huó chōng mǎn le lè qù
子许氏一起讨论诗文，生活充满了乐趣。

xǔ yuán wài wàng xù chéng lóng yīn cǐ bù shí tì lǐ bái guān zhù
许员外望婿成龙，因此不时替李白关注
shàng jìn de mén lu dū du mǎ gōng jiàn lǐ bái shì gè rén cái yě lè
上进的门路。都督马公见李白是个人才，也乐

yì jǔ jiàn yí cì yàn huì shàng jù jí le ān zhōu de yì xiē zhòng yào
意举荐。一次宴会上，聚集了安州的一些重要
guān yuán hé xián cái lǐ bái yě zài shòu yāo zhī liè mǎ gōng jiù xiàng
官员和贤才，李白也在受邀之列。马公就向
dà jiā jiè shào le lǐ bái bìng qǐng lǐ bái wèi cǐ cì yàn huì xiě yì piān
大家介绍了李白，并请李白为此次宴会写一篇
xù wén lǐ bái sī suǒ piàn kè tí qǐ bǐ lái hěn kuài yì piān xù
序文。李白思索片刻，提起笔来，很快一篇序
wén jiù xiě hǎo le mǎ gōng gāo xìng de lián lián chēng zàn yì páng de
文就写好了。马公高兴地连连称赞，一旁的

长史李京之因受人之托，心中有其他举荐人选，所以对李白的表现很不喜欢。这让李白很是尴尬。

不久，李白与好友饮酒欢聚，回家途中看到一辆马车，误将车里之人看成了自己的朋友，便骑马冲了过去，上前打招呼。

谁知却犯了冲撞无礼之罪。原来这是长史大人李京之的车驾。按照当时的规矩，如果长史的车马驾到，平民百姓应该在十丈之外就回避让道。李长史小题大做，不仅让李白赔礼道歉，还要他写下一份认罪书。

李白自知理亏，只得忍下平时的气性，写了一封认罪书，这才勉强平息了祸端。

不久，李长史高升，继任的是裴长史。裴长史是个爱才之人，看过李白的诗文后，打算举荐李白，却因为李白“犯夜”（按照

táng cháo fǎ lǜ bì mén gǔ hòu kāi mén gǔ qián bù dé wú gù yè xíng
唐朝法律，闭门鼓后、开门鼓前不得无故夜行

zhì běn fāng yǐ wài zhī shì wù huì le lǐ bái jǔ jiàn zhī shì yòu bù
至本坊以外）之事误会了李白。举荐之事又不

liǎo liǎo zhī
了了之。

lǐ bái zài ān lù shēng huó le yí duàn shí jiān hòu zhōng jiū méi
李白在安陆生活了一段时间后，终究没

yǒu kàn dào chū lù yú shì biàn jué dìng zài cì wài chū màn yóu lìng
有看到出路，于是便决定再次外出漫游，另

xún jī huì
寻机会。

知识窗

唐朝科举制度

唐朝科举制度继承并完善了隋朝科举制度。唐朝科举考试有秀才、明经、俊士、进士、明法、明字、明算等多种科目，以进士科最为重要。考试合格只是取得为官的资格，还需吏部选拔方可正式任官。唐朝的科举制度为唐朝输送了大量人才。

第三章 奔赴长安

为了实现自己的雄心壮志，开元十八年（730 年），李白踏上了奔赴长安的旅途。初到长安，他意气风发，满腔抱负，觉得自己一定能够大展宏图。可现实并非那么尽如人意，李白不断碰壁，遭遇坎坷，前路真是多艰！

初入长安城

豪情满志，春风得意马蹄疾。

离家之后，李白一路往西北而去。此时的他意气风发，胸怀远大抱负，又恰逢生机勃勃的夏季，不知不觉，连车马奔跑的速度都快了很多。开元十八年（730年）盛夏，李白抵达长安。刚到长安，他便被这里的热闹繁华吸引，映入眼帘的是高大雄伟的城墙、金碧辉煌的鼓楼、络绎不绝的行人和商贩……

一天，李白一大早就来到了朱雀门大街，这条街正对皇城的朱雀门。一重重红色的墙垣把皇城紧紧围住，高低错落的琉璃瓦屋顶掩映在郁郁葱葱的松柏之中。朱雀门是朝廷文武百官上朝的必经之门，门前停放着各式各样的车马轿子，穿着各色官袍的官员们进进出出。李白远远地看着，多么希望有朝一日自己也能进入他们的行列。

随后，李白又去逛了东市和西市，到饭店吃了些饭，去茶馆喝了些茶，然后从朱雀门大街往回走。忽然一阵马蹄声传来，路人纷纷躲闪，李白赶紧与其他人一样，退到路旁。只见几匹骏马簇拥着一辆马车，飞驰而来。车上坐着一个二十来岁的青年，头裹红色头巾，身穿白衫，腰上系着翡翠丝带，一副气势凌人的模样。

“这是谁呢？”李白问旁边的行人。

行人等到车马走远，才说道：“你看他

tóu shàng bú shì zhǎng zhe dà hóng guān zi ma
头上不是长着大红冠子吗？”

lǐ bái xīn xiǎng nán dào tā jiù shì shén jī tóng jiǎ chāng zhēn
李白心想：难道他就是神鸡童贾昌？真
shì shēng ér bú yòng shí wén zì dòu jī zǒu mǎ shèng dú shū
是“生儿不用识文字，斗鸡走马胜读书”。
xīn lǐ yóu yí zhe lǐ bái jì xù wǎng kè diàn zǒu qù
心里犹疑着，李白继续往客店走去。

suí hòu de rì zi lǐ lǐ bái yòu qù zhān yǎng le tài jí
随后的日子里，李白又去瞻仰了太极
gōng dà míng gōng xīng qìng gōng qǔ jiāng chí cí ēn sì tǎ
宫、大明宫、兴庆宫、曲江池、慈恩寺塔
děng dì fang
等地方。

慈恩寺塔位于长安城南，俗称大雁塔，秦汉时就已经很有名了。李白知道凡是新科进士及第以后，都必做三件事：一是瞻仰皇宫，二是曲江赐宴，三是雁塔题名。这也正是李白心中所向往的。

傍晚，李白独自登上大雁塔塔顶，向远方眺望，只见东面骊山重峦叠嶂，西面松柏郁郁葱葱，南面终南山积雪皑皑，北面长安城恢宏气派。李白触景生情，心潮澎湃，更加坚定了为大唐王朝赴汤蹈火、肝脑涂地的志向。

李白在长安等了些日子，岳父许员外的侄孙许辅乾才抽出空来，带着李白去了右相府拜见宰相张说。不巧的是，张说正在养病，李白只见到了他的二儿子张垍。这张垍不仅是宰相次子，而且还是当朝驸马。李白渴望得到张垍的引荐与提拔，可是事与愿违。张垍忌妒李白的才华，担心李白会妨碍自己的仕途，于是想了个不妨害自家爱士名声的办法，堵住了李白的入仕之路。

后来，李白又去拜见了其他几位王公大臣，均无所获。李白入仕无门，开始自暴自弃，他与长安城里斗鸡赛马之徒交往，结果弄丢了自己的宝剑和骏马，身上的钱财也被洗劫一空。

尽管如此，李白还是认为，只要人在长安，登朝入仕定是指日可待。于是，他等呀等，却始终没等到机会。

开元十九年（731年），李白失望地离开长安，初秋时分到达嵩山。听说老友元丹丘此时正在嵩山修炼，李白欣喜若狂。于是，他便前往元丹丘住处。在嵩山之巅，两位好友沐浴在月色中，推心置腹，畅所欲言。

“你不必在意过往，是雄鹰注定会栖息在高枝之上！”元丹丘深知李白才学过人，胸怀治国抱负，于是尽力安慰他说，“我料定你今后一定能遇到伯乐，一展才华，实现远大抱负。”

“多谢元兄鼓励，我一定不负所望！”李白受到元丹丘的鼓舞，内心重新燃起了万丈豪情，“到那时，我一定要再与元兄相会，把酒畅谈！”

“不用等到那时候。”元丹丘轻轻拍了拍李白的肩膀，抬眼望向深邃清幽的山野，说道，“此刻星海浩瀚，万籁俱寂，正是把酒言欢之时！”

两人对月畅饮，十分快活。皓月高悬在

青色的天幕上，将银色的光辉洒在李白和元丹丘的身上。此后，在元丹丘的鼓励下，李白往来于洛阳与嵩山，广结好友，努力寻找机会来实现远大理想。

拜谒韩朝宗

仰望苍天，不禁长叹一声。

开元二十年（732 年）秋，距离李白离开安陆已过去三年，思乡心切的他打算回家。李白从洛阳出发前往安陆，途中结识了年轻的齐国公左司郎中崔宗之。二人一见如故，很是投缘。第二天，崔宗之邀请李白赴菊潭宴饮。宴席上，崔宗之赋诗寄怀，还赠送了李白一张极为珍贵的孔子琴。后来崔宗之去世，李白为了悼念好友，写下了诗歌《忆崔郎中宗之游南阳遗吾孔子琴抚之潸然感旧》：

昔在南阳城，唯餐独山蕨。
忆与崔宗之，白水弄素月。
时过菊潭上，纵酒无休歇。
泛此黄金花，颓然清歌发。
一朝摧玉树，生死殊飘忽。
留我孔子琴，琴存人已殁。
谁传广陵散，但哭邙山骨。
泉户何时明，长扫狐兔窟。

这年年末，李白带着满身疲惫回到了安陆家中。与家人团聚的欢乐暂时冲淡了他内心的苦楚。

一天，李白在和友人的闲聊中，得知荆州大都督府长史韩朝宗兼任襄州刺史，即将上任。李白早就从自己的好友崔宗之口

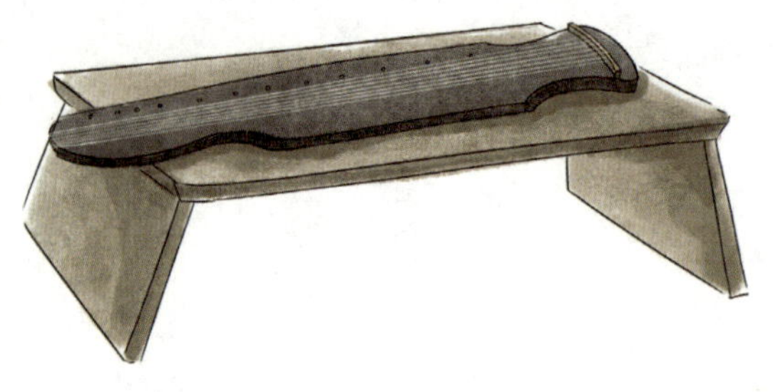

中听说过有位名叫韩朝宗的大人，是一位乐于提拔人才的良臣，崔宗之本人就是由他提拔起来的。而安陆与襄阳相距也并不遥远，于是，李白决心前往襄阳拜见韩朝宗，希望能够得到他的举荐。

李白怀着一腔热忱来到了襄阳，先去找了挚友孟浩然，把自己想求韩朝宗举荐的想法告诉了他。孟浩然虽然与韩朝宗交情并不深，但参与过为韩朝宗父亲撰写碑文的事情，正好初来乍到的韩朝宗要宴请襄阳当地的名士，于是在孟浩然的帮衬下，李白得此机会去拜见韩朝宗。

宴会当天，当地贤人都来了，韩朝宗坐在上首位置，众人纷纷跪拜。正当此时，李白昂首阔步走了进来。他举起双手向韩朝宗行作揖之礼。左右侍从见李白竟然不行跪拜之礼，便想上前加以呵斥，韩朝宗将手一挥，示意侍从退下。

宴会结束以后，李白便写了一封自荐信《与韩荆州书》。李白在信中称赞韩朝宗天下闻名，士人之间都流传着这样一句话：“读书人用不着加官晋爵，只要能够认识韩荆州就已心满意足。”还称赞韩荆州礼贤下士，堪比当年的周公。最后，李白又自我夸耀了一番，直言自己满腹才学却没有遇到像韩荆州这样的伯乐。

韩朝宗读完李白的信，一时犹豫不决。他知道李白是个人才，若论文采，这封信的确使人叹服，但作为求荐信，不免有些狂傲自满；而且，李白在宴会上的举止也很傲慢。考虑到这些，韩朝宗决定弃之不用。

韩朝宗心中做出了决定，脸上没有立刻表现出来，而是依然不紧不慢地同李白攀谈，稍后，韩朝宗就以有些公务需要处理为托词转身离去了。李白当然明白这是什么意思，只得失望而归。离开韩朝宗的府第，李白仰望苍天，不禁长叹一声。

开元二十四年（736年），李白与友人岑勋（岑夫子）应元丹丘之邀到位于嵩山的颍阳山居做客，三人登高饮宴，借酒放歌。李白仕途不顺，备受打击，借着酒劲儿，他写下了笔调豪迈激昂的诗篇《将进酒》：

君不见黄河之水天上来，奔流到海不复回。君不见高堂明镜悲白发，朝如青丝暮成雪。人生得意须尽欢，莫使金樽空对月。天生我材必有用，千金散尽还复来。烹羊宰牛且为乐，会须一饮三百杯。

岑夫子，丹丘生，将进酒，杯莫停。与君歌一曲，请君为我倾耳听。钟鼓馔玉不足贵，但愿长醉不复醒。古来圣贤皆寂寞，惟有饮者留其名。陈王昔时宴平乐，斗酒十千恣欢谑。主人何为言少钱，径须沽取对君酌。五花马、千金裘，呼儿将出换美酒，与尔同销万古愁。

饮酒终究难以真正消解内心的忧愁。无奈之下，李白只好返回家中，此时他的女儿平阳已经三岁了。

再后来，李白的儿子伯禽出生，这给李白带来一番欢喜，同时也让他生出一丝烦恼：“如今儿女双全，年近不惑，自己却依然前途渺茫！”不久，李白决定再次离家出游江淮，另寻伯乐，一展鸿鹄之志。

偶遇王昌龄

仕途并不好走，功名利禄都是浮云。

李白先到了南阳拜访崔宗之，希望能得到他的资助，以便顺利南下。但是，崔宗之却邀请李白前去他的嵩山别业暂居一段时间。之后，李白又去颍阳山居找好友元丹丘。元丹丘尽自己所能，资助了李白一笔钱。

辞别了元丹丘，李白又先后去了陈州、宋州、徐州、泗州、扬州、金陵等地，直到开元二十七年（739年）秋，李白离家已有一年多，却依旧一无所获，不禁仰天长叹，失望至极，准备从荆州返回安陆。

这时，李白在岳州（今湖南岳阳）遇见了贬谪途中的王昌龄。也许是文人之间的惺惺相惜，抑或是因为二人有相似的坎坷经历，李白和王昌龄两人一见如故，他们泛舟饮酒，畅谈起了文学与政治、理想与现实。见李白满腔热血，王昌龄不禁长叹一声。王昌龄比李白年长，早年通过科考获得进士及第，被授予秘书省校书郎之职。可是他的仕途之路并不顺畅，他早已对官场的黑暗有了深刻的体会。所以他忍不住劝说李白放弃此次长安之行：“开元以来，圣上励精图治，再创伟业，造就了如今之盛世。我本该为你胸怀报国之志而感到高兴，奈何盛世之下，奢靡之风四起，朝廷内外其实并非你所见到的这般太平。”

“王兄，我李白虽然未曾像你那样有过

一官半职，但却从来没有放弃过为国效力的想法。”李白不甘心地说道。

“你当年隐居山中，四处游山玩水，快乐逍遥，多令人羡慕哇！”王昌龄继续说道。

“王兄这话说错了，即便是在隐居蛰伏时，我也没有磨灭心中的理想。”李白坦然相告，“大丈夫理当为报效国家、建功立业而努力。太平盛世之下，万象更新，正是你我施展才华之时。”

眼见劝说不了李白，王昌龄只好作罢：“只怕这太平盛世要辜负李兄的一片热忱！”

“王兄的好意，李白心领了。这富贵贫贱皆由个人努力所决定，我既然决定争取功名、建功立业，就做好了忍受一切痛苦的准备。”李白再次谢绝了王昌龄的劝告。

见李白态度坚决、豪情万丈，深受官场之苦的王昌龄竟然有些感动，将杯中的酒一饮而尽，

shuō dào jì rán rú cǐ wéi xiōng jiù bú zài duō yán jīn rì
说道：“既然如此，为兄就不再多言。今日
wǒ men yǒu xìng xiāng yù yě suàn shì yì zhǒng yuán fèn cǐ fān lí
我们有幸相遇，也算是一种缘分。此番离
bié hòu yě bù zhī hé shí cái néng xiāng jiàn qiān yán wàn yǔ huì zài
别后也不知何时才能相见，千言万语汇在
jiǔ lǐ wéi xiōng gān le zhè bēi jiǔ zhù nǐ jīn hòu qián chéng yuǎn
酒里，为兄干了这杯酒，祝你今后前程远
dà yì fān fēng shùn
大，一帆风顺！”

xiè wáng xiōng jí yán yě zhù wáng xiōng yǐ hòu shì tú shùn
“谢王兄吉言，也祝王兄以后仕途顺
chàng lǐ bái yě jiāng bēi zhōng de jiǔ yì yǐn ér jìn
畅！”李白也将杯中的酒一饮而尽。

lín bié zhī jì wáng chāng líng fù shī bā líng sòng lǐ
临别之际，王昌龄赋诗《巴陵送李
shí èr
十二》：

yáo yè bā líng zhōu zhǔ fēn qīng jiāng chuán yǔ biàn fēng wén
摇曳巴陵洲渚分，清江传语便风闻。
shān cháng bú jiàn qiū chéng sè rì mù jiān jiā kōng shuǐ yún
山长不见秋城色，日暮蒹葭空水云。

wáng chāng líng jiù xiàng yí wèi wěn zhòng de xiōng zhǎng jiè yǎn
王昌龄就像一位稳重的兄长，借眼
qián bā líng de hú bō jǐng xiàng gěi le lǐ bái yǔ zhòng xīn cháng de quàn
前巴陵的湖波景象给了李白语重心长的劝
wèi yí qiè tài xū huàn gōng míng lì lù dōu shì fú yún
慰：一切太虚幻，功名利禄都是浮云。

再赴长安

壮志凌云，十日到达长安城。

告别王昌龄之后，直到岁末，李白才回到家中，没想到，妻子许氏已病了多日。李白长期在外漂泊，未能尽到为人夫、为人父的责任，对此十分愧疚。他细心照料妻子，希望妻子早日康复。可是许氏的病拖了半年依然不见好转，最终病故。

妻子病逝后，李白觉得在安陆再没有什么值得留恋的了，于是把几十亩山地卖了，然后带上儿女和一对仆人迁往东鲁。

李白到了东鲁后，两位远房兄弟为其在

东鲁下辖的瑕丘县（治所在今山东兖州东北）置办了一处房子，李白和家人安顿下来。

后来，在亲友的撮合下，李白娶了当地一个姓刘的寡妇。刘氏最初听说李白是个王孙公子，又有诗文才华，因此很满意。但是嫁过来之后才发现，李白家境一般，甚至还有些酒钱没还，便后悔起来，整日抱怨。李白无奈，便出去漫游躲清净。

据说作为老子后裔的唐玄宗做了一个梦，梦到老子让他将自己在长安西南百余里的真容迎到京师来。唐玄宗马上派人去寻找，果然在终南山楼观台找到了一个紫檀匣子，里面藏着身骑青牛、手持麈尾的老子画像。李林甫、牛仙客等权臣率领一大批官员将老子真容护送进了兴庆宫。紧接着，唐玄宗又下令在大宁坊扩建了原来的玄元皇帝庙，将老子真容供奉其中，后来更是将玄元皇帝庙改为紫极宫。

公元742年的正月初一，唐玄宗龙颜大悦，在兴庆宫勤政楼接受文武百官的朝贺，并将年号改为“天宝”。

在唐玄宗梦到老子的同时，玉真公主也梦到了老子。老子在梦中要玉真公主前往亳州真源宫朝拜自己。玉真公主将此事禀报给唐玄宗，立刻得到唐玄宗的批准。唐玄宗还命令全国的道士先在京师集合，然后随同玉真公主出行。元丹丘也接到了赴京的诏令。

李白听说后，急忙来到好友元丹丘的颍阳山居，既为他道喜送行，又希望这位即将进京的好友能有机会引荐自己。

八月，李白终于接到了朝廷召他入京的诏书，好友元丹丘果真没辜负挚友之托。李白在兴奋之余，赶紧收拾一番，先去看了看儿女，才启程前往京城。

尽管路途遥远，但李白的心中满是憧憬与喜悦。他快马加鞭，十天就赶到了京城，等待着皇帝的召见。

紫极宫初遇贺知章

金龟换酒，对饮畅聊，美哉，快哉！

一天，李白闲来无事，便游览到了大宁坊紫极宫。刚逛完正往外走，迎面撞见一位白胡子老者。那老者长须飘飘、鹤发童颜，如同仙人下凡一般。李白不由得多看了几眼，发现那老者衣带之下悬挂一物，金光灿灿的，看那物形状像是一个布袋。

是龟袋没错了！看来，老者是一位常在朝廷走动的大官。

老者慈眉善目，冲李白笑着说：“年轻人，你叫什么名字？”李白朝老者拱手行礼，自报名号道：“晚生李白见过先生。敢问先生尊姓大名？”

“老夫姓贺，一向在太子身旁走动。”老者将李白打量一番，“原来你就是李白呀！今日一见，果然英姿飒爽，幸会幸会！”

姓贺，又贵为太子宾客，莫非……李白大略揣测一番，很快就将老者的身份猜了个大概：“先生莫非就是贺监？”

“正是老夫。”贺知章抚须微笑。

李白听此连忙向贺知章下拜行礼。贺知章扶起李白，拉着他来到紫极宫客堂畅谈。贺知章问李白是否有诗卷带在身边，李白将口袋中的诗文《蜀道难》拿出，双手奉上，道：“晚生不才，的确写过一些诗文，请先生多多指教。”

贺知章接过诗稿，当场认真地看了起

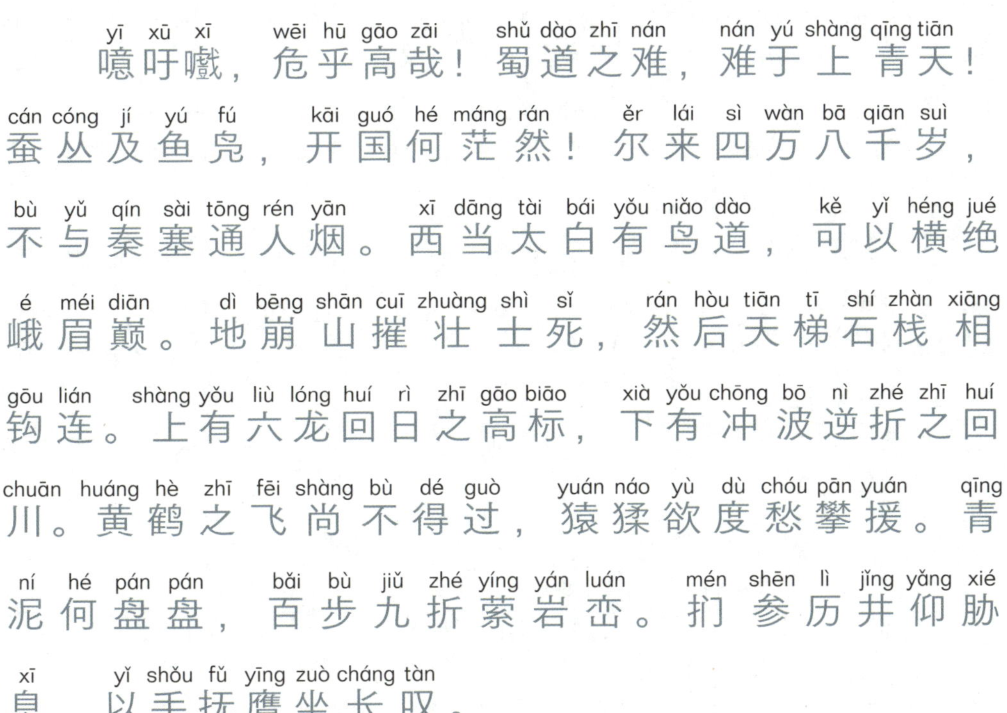

lái lǐ bái gōng jìng de zhàn lì yì
来。李白恭敬地站立一
páng mò mò děng hòu hè zhī zhāng
旁，默默等候。贺知章
jìng qíng bú zì jīn de gāo shēng lǎng dú qǐ lái
竟情不自禁地高声朗读起来：

yī xū xī wēi hū gāo zāi shǔ dào zhī nán nán yú shàng qīng tiān
噫吁嚱，危乎高哉！蜀道之难，难于上青天！
cán cóng jí yú fú kāi guó hé máng rán ěr lái sì wàn bā qiān suì
蚕丛及鱼凫，开国何茫然！尔来四万八千岁，
bù yǔ qín sài tōng rén yān xī dāng tài bái yǒu niǎo dào kě yǐ héng jué
不与秦塞通人烟。西当太白有鸟道，可以横绝
é méi diān dì bēng shān cuī zhuàng shì sǐ rán hòu tiān tī shí zhàn xiāng
峨眉巅。地崩山摧壮士死，然后天梯石栈相
gōu lián shàng yǒu liù lóng huí rì zhī gāo biāo xià yǒu chōng bō nì zhé zhī huí
钩连。上有六龙回日之高标，下有冲波逆折之回
chuān huáng hè zhī fēi shàng bù dé guò yuán náo yù dù chóu pān yuán qīng
川。黄鹤之飞尚不得过，猿猱欲度愁攀援。青
ní hé pán pán bǎi bù jiǔ zhé yíng yán luán mén shēn lì jǐng yǎng xié
泥何盘盘，百步九折萦岩峦。扪参历井仰胁
xī yǐ shǒu fǔ yīng zuò cháng tàn
息，以手抚膺坐长叹。

wèn jūn xī yóu hé shí huán wèi tú chán yán bù kě pān dàn jiàn
问君西游何时还？畏途巉岩不可攀。但见
bēi niǎo háo gǔ mù xióng fēi cí cóng rào lín jiān yòu wén zǐ guī tí yè
悲鸟号古木，雄飞雌从绕林间。又闻子规啼夜
yuè chóu kōng shān shǔ dào zhī nán nán yú shàng qīng tiān shǐ rén
月，愁空山。蜀道之难，难于上青天，使人
tīng cǐ diāo zhū yán lián fēng qù tiān bù yíng chǐ kū sōng dào guà yǐ jué
听此凋朱颜！连峰去天不盈尺，枯松倒挂倚绝
bì fēi tuān pù liú zhēng xuān huī pīng yá zhuàn shí wàn hè léi qí xiǎn
壁。飞湍瀑流争喧豗，砯崖转石万壑雷。其险

也如此，嗟尔远道之人胡为乎来哉！

剑阁峥嵘而崔嵬，一夫当关，万夫莫开。所守或匪亲，化为狼与豺。朝避猛虎，夕避长蛇，磨牙吮血，杀人如麻。锦城虽云乐，不如早还家。蜀道之难，难于上青天，侧身西望长咨嗟！

“这首《蜀道难》写得太好了，简直惊天地泣鬼神哪！”贺知章声音洪亮，读完全诗忍不住连声称赞，“看来，你就是天上下凡的仙人哪！”

李白低头谦虚地说道：“不敢不敢，晚生只是有感而发罢了。”

贺知章手握诗稿，激动地望着李白，颇有相见恨晚之感，然后邀请李白与他小酌一番。

李白欣然答应。二人来到附近一家酒馆，贺知章喊来小二，点了一桌子美味佳肴和数坛好酒，二人把酒言欢，酒足饭饱后，李白伸手到口袋里去掏银子，这才发现出门太急没带银两。李白正尴尬着，就听“咚”的一声响，贺知章解下了腰间的龟袋，放到了桌上。

“来，今天我们就拿这个换酒喝！”贺知章豪迈地说道。

李白见状，赶紧阻拦：“万万不可，这

shì cháo tíng suǒ cì dài biǎo nín de shēn fèn zěn me kě yǐ suí biàn
是朝廷所赐，代表您的身份，怎么可以随便
ná lái huàn jiǔ ne
拿来换酒呢？”

hè zhī zhāng bù yǐ wéi rán dào méi guān xi jīn rì nǐ
贺知章不以为然道：“没关系，今日你
wǒ chéng xìng ér lái zěn néng huài le xìng zhì ne
我乘兴而来，怎能坏了兴致呢？”

jiàn hè zhī zhāng rú cǐ jiān jué lǐ bái yě zhǐ néng yī le
见贺知章如此坚决，李白也只能依了
tā cóng cǐ yǐ hòu èr rén chéng le mò nì zhī jiāo lǐ bái yě
他。从此以后，二人成了莫逆之交，李白也
dé míng zhé xiān rén
得名“谪仙人”。

知识窗

龟袋

龟袋是唐朝五品及以上官员使用的一种配饰，代表官员的官阶品级。唐朝有非常严格的规定：五品官员配铜龟袋，四品官员配银龟袋，三品及以上官员配金龟袋。

第四章 谪仙入仕

唐玄宗一纸诏书将赋闲的李白召到长安，使他成为自己的御用文臣。然而，奉旨写诗的生活与李白渴望建功立业的远大抱负相去甚远。李白只好借酒消愁，最后被赐金放还。

奉旨传召金銮殿

皇帝亲自召见，这是多么大的荣耀！

又过了几日，便有内侍传来圣旨让李白进宫，唐玄宗要在大明宫金銮殿召见李白。李白赶紧跟随内侍赶往金銮殿。

许多年前，李白只能远远地观望大明宫，如今他昂首阔步地走进了这里，只见青砖铺成的大道，又宽阔又平坦，高大雄伟的宫殿直冲云霄。但此时的李白还不能驻足来感受这里的一切，他要赶紧去面见唐玄宗。李白随内侍左转右转来到了一座金碧辉煌的宫殿前，殿外守卫森严，只听内侍轻轻说了一

shēng jīn luán diàn dào le tā biàn ràng lǐ bái zài wài děng hòu
声：“金銮殿到了。”他便让李白在外等候，
zì jǐ shàng le tái jiē qián qù bǐng bào bù yí huìr jiù tīng diàn nèi
自己上了台阶前去禀报。不一会儿，就听殿内
hǎn dào shèng shàng yǒu zhǐ xuān lǐ bái jìn diàn bù rù jīn luán
喊道：“圣上有旨，宣李白进殿！”步入金銮
diàn lǐ bái yì yǎn jiù kàn dào lóng zuò zhī shàng duān zuò zhe de rén lǐ
殿，李白一眼就看到龙座之上端坐着的人，李
bái lián máng xiǎo pǎo jǐ bù yíng miàn guì xià kòu bài dào cǎo mín
白连忙小跑几步，迎面跪下叩拜道：“草民
lǐ bái kòu jiàn bì xià
李白叩见陛下！”

táng xuán zōng bù jǐn bú màn de shuō lǐ bái nǐ shì
唐玄宗不紧不慢地说：“李白，你是
wǒ dà táng de shī xiān hé bì rú cǐ jū lǐ ne kuài kuài qǐng
我大唐的诗仙，何必如此拘礼呢？快快请
qǐ ba
起吧！”

táng xuán zōng jiǎn dān xún wèn le yí xià lǐ bái de qíng kuàng biàn
唐玄宗简单询问了一下李白的情况，便
xià zhào rèn mìng lǐ bái wéi hàn lín dài zhào zhí zé shì cǎo nǐ zhào
下诏任命李白为翰林待诏，职责是草拟诏
shū péi shì huáng dì zuǒ yòu lǐ bái xǐ bú zì jīn guì bài
书，陪侍皇帝左右。李白喜不自禁，跪拜
xiè ēn
谢恩。

cǐ hòu měi dāng táng xuán zōng jǔ bàn yàn huì huò zhě wài chū jiāo
此后，每当唐玄宗举办宴会或者外出郊
yóu jiù huì mìng lìng lǐ bái gēn suí shì hòu lǐ bái zì cǐ bù gǎn
游，就会命令李白跟随侍候。李白自此不敢
zài suí yì luàn guàng yě bù gǎn rèn xìng hē jiǔ chú le suí shí gōng
再随意乱逛，也不敢任性喝酒，除了随时恭

候皇帝的咨询和差遣，就待在住处阅读、研究经史。

见李白受到唐玄宗的宠信，众人都羡慕极了，不时有人登门来拜访他，有同院的翰林们，也有同朝的官员们。张垍是同朝官员当中第一个来拜访李白的，李白虽然厌恶他，但也懂得处世周旋之道，仍以礼相待。

可时间一长，李白便感到厌烦起来。因为作为待诏翰林，除了参加草拟皇帝诏书等工作，剩下的时间大多是作为皇帝的御用文臣，陪侍皇帝写诗作赋而已。这和他想要建功立业的远大抱负相差太远了！

李白心中之事，无处可以倾诉，他只能借酒消愁，经常出现在长安的酒馆里。

御前赋诗显才能

牡丹配新曲，佳人伴君侧。

chūn yì àng rán yì lián shù tiān yàn yáng gāo zhào gōng zhōng de
春意盎然，一连数天艳阳高照。宫中的
mǔ dan jìng xiāng kāi fàng yàn lì wú bǐ táng xuán zōng dài zhe yáng guì
牡丹竞相开放，艳丽无比。唐玄宗带着杨贵
fēi lái dào chén xiāng tíng yǐn jiǔ shǎng huā suí jí táng xuán zōng
妃来到沉香亭，饮酒赏花。随即，唐玄宗
yòu chuán zhào gōng tíng yuè shī lǐ guī nián dài lǐng lí yuán dì zǐ yǎn zòu
又传召宫廷乐师李龟年带领梨园弟子演奏
gē qǔ zhù xìng shuí zhī tā men yòu shì lǎo diào chóng tán háo wú xīn
歌曲助兴。谁知他们又是老调重弹，毫无新
yì táng xuán zōng tīng le zhí zhòu méi tóu mìng nèi shì qù chuán zhào
意。唐玄宗听了直皱眉头，命内侍去传召
lǐ bái ràng tā nǐ xiě yì shǒu xīn cí pǔ shàng qǔ zi
李白，让他拟写一首新词，谱上曲子。

nèi shì men zǎo jiù tīng shuō lǐ bái gé sān chà wǔ mǎi zuì de chuán
内侍们早就听说李白隔三差五买醉的传
wén suǒ yǐ qí mǎ chū le gōng diàn zhí bèn cháng ān dà jiē ér
闻，所以骑马出了宫殿，直奔长安大街而
qù yì zhí qí dào cháng ān zuì zhù míng de dù kāng jiǔ jiā qián
去，一直骑到长安最著名的杜康酒家前，
cái lè zhù jiāng shéng fān shēn xià mǎ gāng chuān guò dà mén jiù jiàn
才勒住缰绳翻身下马。刚穿过大门，就见

yì rén pā zài jiǔ zhuō shàng yǐ làn zuì rú ní yì míng nèi shì zǒu
一人趴在酒桌上，已烂醉如泥。一名内侍走
dào nà rén gēn qián bā guo liǎn yí kàn zhèng shì lǐ bái
到那人跟前，扒过脸一看，正是李白。

lǐ bái yì bǎ shuǎi kāi nèi shì de shǒu zuǐ lǐ niàn niàn yǒu cí
李白一把甩开内侍的手，嘴里念念有词：
bié chǎo bié chǎo wǒ yào hǎo hǎo shuì yí jiào nǐ zǒu ba hái xiǎng
“别吵别吵，我要好好睡一觉，你走吧，还想
zài hē de huà míng tiān zài lái jì zhù yào dài hǎo jiǔ
再喝的话，明天再来。记住，要带好酒……”

lǐ bái bàn zuì bàn xǐng zhuǎn le gè shēn yòu hū hū dà shuì qǐ
李白半醉半醒，转了个身又呼呼大睡起
lái nà míng nèi shì shí zài méi yǒu bàn fǎ jiào xǐng lǐ bái jiù mìng tóng
来。那名内侍实在没有办法叫醒李白，就命同

伴把李白抬出了酒楼，扶上马背。两名内侍一左一右扶着李白，还有一人则牵着马，就这样，紧走慢走，半晌才走到兴庆宫。

到了宫门前，两名内侍把李白从马上抬下来，一直抬到沉香亭，来到唐玄宗面前。唐玄宗早就等得不耐烦了，又见李白醉成这个样子，更加不高兴了。高力士见势不妙，赶紧命人将李白搀扶到旁边的椅子上，又吩咐御膳房快快送来醒酒汤。

其实李白经过马背上一阵颠簸，早就被颠醒了，但他心有不平，所以借酒装醉。

喝完醒酒汤，李白不能再装醉了，就从椅子上起来，走到唐玄宗面前拜了一拜：“请问陛下有何吩咐？”

唐玄宗强装微笑道：“爱卿，你终于醒了！今日我和贵妃欣赏牡丹，可惜没有新的歌

cí kě yǐ yǎn chàng zhù xìng nǐ jīn tiān jiù zuò yì shǒu xīn shī ba
词可以演唱助兴，你今天就作一首新诗吧！”

lǐ bái mǎn kǒu dā ying rào zhe mǔ dan huā zhuàn le yì quān
李白满口答应，绕着牡丹花转了一圈，
yòu xiàng zhe yáng guì fēi hé táng xuán zōng yuǎn wàng le yì fān yáng guì
又向着杨贵妃和唐玄宗远望了一番。杨贵
fēi xié yǐ zài chén xiāng tíng páng de lán gān shàng shēn hòu shì měi lì de
妃斜倚在沉香亭旁的栏杆上，身后是美丽的
mǔ dan ér táng xuán zōng zé wàng zhe yáng guì fēi xiào liǎn yíng yíng
牡丹，而唐玄宗则望着杨贵妃，笑脸盈盈。
yǒu le lǐ bái yǎn qián yí liàng suí jí yì huī ér jiù xiě xià
有了！李白眼前一亮，随即一挥而就，写下
qīng píng diào sān shǒu
《清平调》三首：

qí yī
其一

yún xiǎng yī cháng huā xiǎng róng chūn fēng fú jiàn lù huá nóng
云想衣裳花想容，春风拂槛露华浓。
ruò fēi qún yù shān tóu jiàn huì xiàng yáo tái yuè xià féng
若非群玉山头见，会向瑶台月下逢。

qí èr
其二

yì zhī hóng yàn lù níng xiāng yún yǔ wū shān wǎng duàn cháng
一枝红艳露凝香，云雨巫山枉断肠。
jiè wèn hàn gōng shuí dé sì kě lián fēi yàn yǐ xīn zhuāng
借问汉宫谁得似？可怜飞燕倚新妆。

qí sān
其三

míng huā qīng guó liǎng xiāng huān cháng dé jūn wáng dài xiào kàn
名花倾国两相欢，长得君王带笑看。
jiě shì chūn fēng wú xiàn hèn chén xiāng tíng běi yǐ lán gān
解释春风无限恨，沉香亭北倚阑干。

táng xuán zōng hé yáng guì fēi kàn hòu dōu fēi cháng mǎn yì dāng
唐玄宗和杨贵妃看后都非常满意，当
chǎng shǎng cì lǐ bái gōng jǐn páo bìng mìng lǐ guī nián wèi xīn cí pǔ
场赏赐李白宫锦袍，并命李龟年为新词谱
shàng qǔ zi zài tíng qián gē chàng qǐ lái mǔ dan pèi xīn qū jiā
上曲子，在亭前歌唱起来。牡丹配新曲，佳
rén bàn jūn cè táng xuán zōng hé yáng guì fēi táo zuì zài zhè měi miào de
人伴君侧，唐玄宗和杨贵妃陶醉在这美妙的
chūn guāng zhī zhōng
春光之中。

醉草吓蛮书

醉草威震远，落笔迈古贤。

zài mín jiān yì zhí liú chuán zhe zhè yàng yí gè gù shi
在民间，一直流传着这样一个故事。

yì tiān yǒu gè lái zì bó hǎi guó de shǐ zhě dào fǎng cháng
一天，有个来自渤海国的使者到访长
ān xiàng cháo tíng chéng shàng yì fēng guó shū táng xuán zōng jiāng fān shū
安，向朝廷呈上一封国书。唐玄宗将番书
dì gěi yí wèi hàn lín xué shì mìng tā xuān dú chū lái kě nà xué
递给一位翰林学士，命他宣读出来，可那学
shì dǎ kāi fān shū yí kàn jìng rán yí zì bù shí táng xuán zōng miàn
士打开番书一看，竟然一字不识。唐玄宗面
lù bú yuè zhuǎn ér ràng lìng yí gè chén zǐ xuān dú jié guǒ zhè
露不悦，转而让另一个臣子宣读，结果这

ge dà chén yě bú rèn shi jiù zhè yàng zhè fēng fān shū zài dà diàn
个大臣也不认识。就这样，这封番书在大殿
shàng zhòng dà chén zhōng chuán kàn le yí biàn jìng méi yǒu yí gè rén
上众大臣中传看了一遍，竟没有一个人
rèn shi nà fān wén
认识那番文。

táng xuán zōng dà fā léi tíng nù chì cháo chén men guān jiàn shí kè
唐玄宗大发雷霆，怒斥朝臣们关键时刻
méi yǒu yí gè néng wèi guó fēn yōu jiě nàn de mǎn cháo wén wǔ jìn ruò
没有一个能为国分忧解难的。满朝文武噤若
hán chán bù gǎn yán yu táng xuán zōng nù qì chōng chōng xuān bù
寒蝉，不敢言语。唐玄宗怒气冲冲，宣布
tuì cháo fú xiù ér qù
退朝，拂袖而去。

hè zhī zhāng xià cháo hòu huí dào jiā lǐ chóu méi bù zhǎn
贺知章下朝后回到家里，愁眉不展。
lǐ bái lái fǎng hè zhī zhāng bǎ cǐ shì gào su le tā lǐ bái
李白来访，贺知章把此事告诉了他，李白
yì tīng wēi wēi lěng xiào dào kě xī shèng shàng méi yǒu zhào jiàn
一听，微微冷笑道：“可惜圣上没有召见
wǒ bù néng tì shèng shàng fēn yōu jiě nàn
我，不能替圣上分忧解难。”

yuán lái lǐ bái dāng nián yóu lì sì fāng céng jīng jié shí guo bó
原来李白当年游历四方，曾经结识过渤
hǎi guó de rén shì suǒ yǐ jīng tōng bó hǎi guó de yǔ yán wén zì
海国的人士，所以精通渤海国的语言文字，
néng dú huì xiě hè zhī zhāng dé zhī hòu dà xǐ guò wàng
能读会写。贺知章得知后大喜过望。

dì èr tiān shàng cháo hè zhī zhāng jiù xiàng táng xuán zōng tuī jiàn
第二天上朝，贺知章就向唐玄宗推荐
le lǐ bái táng xuán zōng yì tīng dāng jí pài rén xuān zhào lǐ bái jìn
了李白。唐玄宗一听，当即派人宣召李白进

殿。李白果然没夸海口，顺利翻译出了番书的内容：“渤海国国君向你唐朝皇帝呈上一封书信：‘自从你国占了高丽，逼近我国，边兵便屡次侵犯我国边界，想必是出自你唐朝皇帝之意。我如今忍无可忍，特差人来与你讲和。你若将高丽一百七十六城让给我国，我便有好物相送，否则我将起兵前来厮杀，咱们看看胜负到底落谁家’。”听完李白宣读的番书，文武百官深感惊讶，不禁面面相觑。唐玄宗听后大怒，望着文武百官，问道：“现在番国要抢夺高丽，诸位爱卿，有什么办法可以抗敌？”

文武百官你看着我，我看着你，都不敢吭声，只有贺知章斗胆启奏道：“圣上，昔日太宗皇帝多次征伐高丽，死伤无数，也无法完全取胜。后来高宗皇帝趁该国内乱，派遣薛仁贵统率百万大军，才击败高丽，使他们归顺我们大唐。如今天下太平多年，早已刀枪入库、马放南山，如果此刻突然动兵，即便取胜，恐怕也要付出极大的代价。而且一旦战事爆发，不知要到什么时候才能停息。还请陛下明鉴。”

“既如此，那我们该如何回复番使呢？”唐玄宗又问。

贺知章这次又推荐了李白。

李白胸有成竹道：“请陛下放心，我已经想到了一个计策。等明天召见番使，我将当面回复他，也用他们那番文回复一封书信，令他们折服于我们大唐王朝的国威！”

唐玄宗听后龙颜大悦，当晚设宴款待了李白。李白尽情畅饮，大醉而归。第二天，百官朝见唐玄宗完毕后，唐玄宗特意召见李白上殿。李白在前一晚的宴席上喝了太多酒，即便过了一夜，也尚未完全醒酒，脸上尚带酒容，两眼也有些蒙眬。

随后，唐玄宗宣召番使进殿。番使行礼之后，见有一人飘然若仙，站立一旁。那人朗声说道："小国无礼，皇恩浩荡，不与你们计较。皇上现在有诏书回复，你且静听！"番使不禁有些惊骇，战战兢兢地跪了下来。

唐玄宗命侍从在御座旁边准备好砚台、毛笔、墨汁和信笺，随即吩咐李白坐到御座前写诏书。李白借着酒劲儿，恳请皇上能够让自己随意一些，脱下靴子。唐玄宗随即准许了。李白让站在皇帝身边的太监高力士为他脱靴，高力士尽管十分不乐意，但看到皇帝毫无阻拦的意思，只好帮李白脱下了

xuē zi lǐ bái ná qǐ máo bǐ bǎo zhàn mò zhī shǒu bù tíng bǐ
靴子。李白拿起毛笔，饱蘸墨汁，手不停笔
de xiě qǐ lái bù yí huìr tā jiù xiě hǎo le xià mán shū
地写起来。不一会儿，他就写好了“吓蛮书”。

táng xuán zōng jiào lǐ bái dāng chǎng xuān dú yí biàn yú shì lǐ
唐玄宗叫李白当场宣读一遍。于是李
bái zài yù zuò qián gāo shēng dú qǐ lái wǒ yāng yāng dà táng
白在御座前高声读起来：“我泱泱大唐，
wù huá tiān bǎo rén jié dì líng fǔ yǒu sì hǎi bīng jīng jiàng
物华天宝，人杰地灵，抚有四海，兵精将
yǒng jiǎ jiān bīng ruì sì fāng zhū guó fǔ shǒu chēng chén nián
勇，甲坚兵锐，四方诸国，俯首称臣，年

年进贡……你这渤海小国，高丽附国，比之我国，犹如一郡，士马刍粮，万分不及。你若一意孤行，我必兴兵，天兵一下，千里流血。望你三思！”

李白读得铿锵有力，声震天地，番使听后吓得面如土色，忍不住跪拜在地，大呼“陛下恕罪”，然后狼狈地离朝而去。唐玄宗见状不禁哈哈大笑起来。

贺知章把番使送出城门，番使偷偷向贺知章询问：“请问刚才朝堂上宣读诏书的那个人是谁？”

贺知章自豪地说：“他是李白，是天上的神仙下凡，为了帮助我大唐王朝的！”

番使暗暗吃惊，回国后就把在大唐王朝出使的情况讲给他们的国君听。渤海国国君打开大唐回复的国书一看，大吃一惊，立即召集群臣商议起来。

不久，渤海国送来降书，表示愿意年年来朝进贡。

李白以一纸书信吓退番使，凭借自己的才华和勇气化解了这场政治危机，不愧为有胆有才的大唐“诗仙”。

遭逢排挤离长安

官场太过黑暗，不如尽早离开。

给李白脱靴，一直令高力士耿耿于怀。一天，高力士听到杨贵妃在吟唱李白写的《清平调》，他眼珠子贼溜溜一转，心中就有了一个坏主意，于是走到杨贵妃面前，谄媚地行礼道：“给贵妃请安！”

随后，高力士便说道：“贵妃，奴才有句话不知当讲不当讲。”

杨贵妃看了高力士一眼，说道：“说来听听。”

高力士便诋毁说，李白所写的《清平调》并不是在赞美杨贵妃，而是在侮辱她。

“大胆，你怎敢如此胡说？你说说哪句是在侮辱我。”杨贵妃一听，又惊又怒地问道。

高力士立刻跪拜在地，装作一副为杨贵妃抱不平的样子，惺惺作态道：“回禀娘娘，正是‘借问汉宫谁得似，可怜飞燕倚新妆’。”

杨贵妃不解：“这不是说我比赵飞燕还要漂亮吗？”

“娘娘，那赵飞燕什么出身哪？生于卑贱之家，因美丽动人而受汉成帝宠爱，可后来还是被贬为庶人。李白用她跟您比，这

bú shì zài wǔ rǔ nín ma
不是在侮辱您吗？”

yáng guì fēi bù yóu de dào xī yì kǒu lěng qì dùn shí liǎn sè
杨贵妃不由得倒吸一口冷气，顿时脸色
dà biàn nù huǒ zhōng shāo cóng cǐ yáng guì fēi biàn duì lǐ bái huái
大变，怒火中烧。从此，杨贵妃便对李白怀
hèn zài xīn měi dāng táng xuán zōng xiǎng yào tí bá lǐ bái shí tā jiù
恨在心。每当唐玄宗想要提拔李白时，她就
jiā yǐ zǔ náo
加以阻挠。

lǐ bái bú huì kè yì féng yíng yòu bú yuàn bā jie quán guì
李白不会刻意逢迎，又不愿巴结权贵，
xǔ duō tóng liáo duì tā hěn bù mǎn yì yì shí zhī jiān tóng liáo de
许多同僚对他很不满意。一时之间，同僚的
dǐ huǐ jiān chén de pái jǐ yì qí xiàng tā xí lái kě xiǎng ér zhī
诋毁、奸臣的排挤一齐向他袭来。可想而知

李白在长安的处境是多么不如意。他想起了王昌龄告诫他的话，官场太过黑暗，不如尽早离开。几番犹豫之后，李白最终写了一封请辞信，请求唐玄宗放他回乡去。

唐玄宗见李白言辞恳切，明白终究是挽留不住，于是满足了李白的请求，赐金放还。

李白回想自己这一路，千辛万苦，漫游干谒，一路波折，四处碰壁，最终却遭受谗毁而被排挤出长安，心中悲愤万分，但仍不气馁，不禁吟诵出《行路难·其一》：

金樽清酒斗十千，玉盘珍羞直万钱。
停杯投箸不能食，拔剑四顾心茫然。
欲渡黄河冰塞川，将登太行雪满山。
闲来垂钓碧溪上，忽复乘舟梦日边。
行路难，行路难，多歧路，今安在？
长风破浪会有时，直挂云帆济沧海。

天宝三载（744年）春，李白回到了家中。这时他与刘氏的矛盾更加不可调和，不久便结束了这段痛苦的婚姻。

知识窗

翰林待诏

唐朝时，朝廷设立了翰林院，甄选各种有才之士供职。唐玄宗时期，翰林院演变成专门起草机密诏制、文书的机构，在翰林院供职的人被称为“翰林待诏”，后改名“翰林学士”。翰林待诏没有品级，得到皇帝的征召才能上朝参议国事。因此，翰林待诏最初是没有什么权力的。安史之乱后，翰林学士逐渐成为皇帝的心腹，常常能升为宰相。历朝历代能进入翰林院供职的，无不是饱读诗书、博学多才之人，如唐朝的张九龄、李白，宋朝的苏轼、欧阳修，明朝的宋濂、方孝孺等。

第五章 与友同行

归也不舍，留也无奈，李白擦干眼泪，平复了忧伤的心情，便又开始了漫游的旅程。李白来到洛阳，先后与杜甫、高适不期而遇，与他们成为至交好友，并相约同游了梁园；在歙（shè）县，他登临城南的紫阳山，多方寻觅仙人；在泾县，他与汪伦结下了千古流传的深厚情谊。生活是漂泊不定的，雄心和志向却是明确的，那何处才是他的安身之所呢？

同游梁园结友谊

伟大的人彼此总是惺惺相惜。

天宝三载，李白来到了东都洛阳。在这里，李白遇到了风华正茂却也失意苦闷的杜甫。杜甫正寓居在洛阳姑父家里。李白比杜甫大十一岁，但他并没有因为自己的才名就在杜甫面前倨傲，杜甫也没有在李白面前一味低头称颂，两人以平等的身份建立了深厚的友谊。他们约好了秋后在梁园会面。

很快秋天到了，李白和杜甫如约到了梁园，他们还在这里遇到了住在附近的诗人高适。三人相谈甚欢，于是相约一道同游。

zhè tiān lǐ bái dù fǔ hé gāo shì sān rén lái dào liáng yuán
这天，李白、杜甫和高适三人来到梁园

yóu lǎn gāng rù yuán yuǎn chù jiù chuán lái zhèn zhèn qín shēng sān rén
游览。刚入园，远处就传来阵阵琴声。三人

xīn zhōng de yōu sī bèi zhè yōu yáng wǎn zhuǎn de qín shēng gōu qǐ jué
心中的忧思被这悠扬婉转的琴声勾起，决

dìng jiù dì fù shī huái gǔ
定就地赋诗怀古。

gāo shì kuài yán kuài yǔ dào píng diào huái gǔ kě xī méi
高适快言快语道：“凭吊怀古，可惜没

yǒu měi jiǔ zhù xìng
有美酒助兴。”

liáng yuán fēng jǐng jué jiā zì gǔ jiù shì wén rén mò kè liú
“梁园风景绝佳，自古就是文人墨客流

lián wàng fǎn zhī dì zěn néng shǎo dé liǎo měi jiǔ jiā yáo lǐ
连忘返之地，怎能少得了美酒佳肴？”李

白抚须大笑起来，接着说道，“我已拜托僧人在前方厢房内备好了美酒佳肴和纸笔墨砚，请随我一同前往吧。”于是，三人有说有笑，一同走进屋内。

酒桌前，三人同举杯，杜甫先敬高适，祝他早日遇上伯乐；再敬李白，愿他早日成仙。李白也回敬杜甫，祝他日后平步青云。高适也敬李白，祝他文思泉涌，写出更多传世佳作。

正当三人喝得半醉半醒之时，杜甫问道：“今日我们赋诗，以什么为题呢？”

高适锁眉深思了片刻，拿不定主意，便望向李白：“请李兄决定吧！”

李白也不推辞，脱口而出：“今日我们乘兴而来，就随心所欲吧，何必限定题目呢？”

杜、高二人听了，齐声附和道：“好。”

于是，三人都凝神细思，静静构思诗句。这时，窗外飘来一阵琴声。原来是有其他客人在此处抚琴。杜甫听到琴声，皱起眉来；高适停杯，捻须良久；只有李白旁若无人地自斟自饮，等到琴音高亢时，他索性扔掉酒杯，端起酒壶豪饮起来。

不久，高适、杜甫完成诗作。李白这才醉醺醺地抓起一支毛笔，踉踉跄跄走到雪白的墙壁前。

窗外的琴声越来越激昂高亢，如同千军万马，奔腾不息。李白脑中文思如同黄河决堤，一泻千里。他站在雪白的墙壁前，挥笔写下三个遒劲的大字——梁园吟，接着便奋笔疾书。巧的是，那琴声刚停止，李白的诗也正好作完。

高适望着墙壁，高声朗诵起来，一口

气读完，忍不住赞叹道：“波澜起伏，陡转奇兀，掷地有声，真是绝妙好诗呀！”

杜甫也拍案叫绝：“真不愧是诗仙，确实文采斐然！”

“两位如此夸赞，我真是太不好意思了！”李白谦虚地摆了摆手，然后低头看向他俩的诗作，不禁惊呼道，“二位仁兄的作品也是极妙呀！今日你我三人触景吟咏，悠然自在。这种朋友间真心相处的快乐，远胜过帝王赐宴的荣耀啊！”

三人再次端起酒杯豪饮起来，直到喝得酩酊大醉，相互搀扶才勉强离开了梁园。

这之后不久，李白结识了唐高宗时期宰相宗楚客的孙女宗小姐，二人情投意合，喜结连理。

登临紫阳寻仙人

在紫阳山溪水边的大青石上，饮酒，吟诗。

安稳日子没过多久，李白告别夫人宗氏，一路往东南游历，往返于宣城、歙县等地，写诗饮酒，十分畅快。

这天，李白来到一家客栈投宿。或许是日有所见，夜有所思，李白回想起自己坎坷的人生经历，躺在床上辗转难眠。突然，他发现客栈的墙壁上似乎题有文字，就起身仔细查看。这才发现，那墙壁上竟然题有一首诗。

李白不禁大为感叹：“绝妙好诗，简直是神仙手笔呀！”

第二天清早，李白便向客栈老板打听这首诗的来历。原来，这诗的作者是许宣平，徽州歙县人，博学多才，却长期隐居于歙县城南的紫阳山。很多城里人慕名前去拜访，却都见不到他。

听完客栈老板的讲述，李白立即整理行装，一路前往徽州歙县。李白来到歙县后，在城中徘徊数日，都没找到许宣平。“许宣平深居山中，时常卖柴换酒”，他想起客栈老板的话，突然脑海中产生了这样一个想法：许宣平不是经常下山卖柴换酒吗？我为什么不在卖酒的地方等着呢？

想到这里，李白立即赶到山下卖酒的铺子里。几天后，他正在这家酒铺喝酒时，突然传来一个深沉而有力的声音。

李白循声望去，只见路上有一个身穿道袍

的男子，身材高大，四五十岁，相貌不凡。他肩上扛着一担柴，柴担上挂着一只葫芦，手中拄着一根竹拐杖。吟完一首诗，他随手取下葫芦，拔开塞子，猛喝一大口。

这应该就是那许道士！李白喜出望外，赶紧跑出酒铺，追上前去：“许仙人，等一等！”

那人听见李白的喊话，没有应声，而是盖紧葫芦，将柴担往肩上一甩，快步向前走去。李白紧赶慢赶，怎么也追不上他，失望至极。

李白四处打听，终于在一个好心人那里得知了许宣平隐居的地方。随后，李白涉溪过河，终于找到了许宣平居住的草屋，却发现屋内空无一人。

李白非常遗憾，又不舍得就这样离开，于是就在许宣平的房内墙壁上题诗道：

wǒ yín chuán shè yǒng　　lái fǎng zhēn rén jū
我吟传舍咏，来访真人居。

yān lǐng mí gāo jì　　yún lín gé tài xū
烟岭迷高迹，云林隔太虚。

kuī tíng dàn xiāo sè　　yǐ zhàng kōng chóu chú
窥庭但萧瑟，倚杖空踌躇。

yīng huà liáo tiān hè　　guī dāng qiān suì yú
应化辽天鹤，归当千岁余。

xiě wán zhī hòu　tā cái yī yī bù shě de lí kāi
写完之后，他才依依不舍地离开。

zhè tiān yè lǐ　lǐ bái tǎng zài kè zhàn de chuáng shàng　zhǎn zhuǎn fǎn cè　wú fǎ rù mián　dì èr tiān tiān wèi dà liàng　lǐ bái jiù shēn pèi bǎo jiàn　zài cì tà shàng le qián wǎng zǐ yáng shān de lǚ tú　lǐ bái zài shān zhōng yì lián zhǎo le shí duō tiān　zhōng jiū méi yǒu jiàn dào xǔ xuān píng de yǐng zi　xīn zhōng bù miǎn dǎ qǐ le tuì táng gǔ
这天夜里，李白躺在客栈的床上，辗转反侧，无法入眠。第二天天未大亮，李白就身佩宝剑，再次踏上了前往紫阳山的旅途。李白在山中一连找了十多天，终究没有见到许宣平的影子，心中不免打起了退堂鼓。

huáng hūn hěn kuài lái lín　wǎn xiá bǎ tiān biān rǎn de hóng tóng tóng de　mù sè zhōng　yì tiáo xiǎo xī huǎn huǎn liú tǎng　àn biān cuì zhú yōu rán tǐng lì　xiǎn de fèn wài yōu jìng　lǐ bái mǎn miàn juàn
黄昏很快来临，晚霞把天边染得红彤彤的。暮色中，一条小溪缓缓流淌，岸边翠竹幽然挺立，显得分外幽静。李白满面倦

容，一身疲惫，步履蹒跚地走着。

突然，一片翠竹旁出现了一座简陋的房屋。原来，他又回到了许宣平的草屋附近。李白满怀期待地走进屋内，可里面仍然空无一人。墙壁上，他上次题写的诗句还在。但是，他先前题写的诗句旁又多了几行字。李白欣喜万分地走上前，发现是对其所写诗句的回应。

或许许仙人此刻就在这附近。李白这样想着，赶紧走出陋室，在四周寻找起来。

不久，李白看到一个人挑着一担柴，从远处走来。来人走近时，李白发现，正是那日在街上遇到的那位穿道袍的男子。

李白大为欣喜，连忙跑上前去，深深行礼，然后问道：“请问，您可是许宣平道长？”

“你找我有什么事？”许宣平终究没能

躲过山外人，轻叹一口气说道。

李白朗声吟诵道：“我吟传舍咏，来访真人居。”

许宣平听此一愣，将柴放下，不由得问道：“你是……”

“在下蜀中李白，见过许道长。”说着，李白又深深行礼。

许宣平非常惊讶：“你就是李白？你找我来做什么呢？”

“在下正是！”李白赶紧道明来意，“李白愿意跟随道长一起隐居山林，潜心修行。”

“老夫只不过是一个卖柴换酒喝的山野老翁罢了。”许宣平一听，谦虚地说道。

说完，许宣平又要离去。李白上前一把拉住许宣平的衣袖，又诚恳地述说了一番。许宣平被李白的诚心和才学打动，终于答应了下来。

此后，无论是在灿烂的朝霞中，还是在落日的金色余晖下，人们都会在这紫阳山中看到李白和许道长的身影。他们一同坐在溪水边的大青石上，或饮酒，或吟诗，或静坐冥想……

桃花潭畔结厚谊

桃花潭水深千尺，不及汪伦送我情。

在紫阳山中度过了一段平和的日子后，天宝十三载（754年），李白又下山，辗转多地后来到了安徽宣城。

不久，他收到了安徽名士汪伦自泾县寄来的一封书信，信中写道：“请问先生喜欢欣赏风景吗？我们这里有十里桃花，相信不会让您失望。请问先生喜欢饮酒吗？我们这里有万家酒店，一定可以让您一醉方休。”

李白虽然与汪伦素不相识，但见如此热情诚邀之信，便欣然前往泾县。写信的汪伦曾经担任过安徽泾县县令，卸任后隐居在泾县西南的桃花潭畔。听说李白到了宣城，汪伦就想邀请李白前来做客，又担心李白不来泾县这个小地方，这才发出对于李白来说极具诱惑力的邀约。

李白见信不由得心动，收拾行装便往泾县去。船未靠岸，就远远地看见汪伦已等候在岸边码头了。等李白弃舟上了岸，汪伦赶紧迎上来，热情地将李白接到了家中，大摆宴席，盛情款待。

汪伦热情地邀请李白入座，并为李白

mǎn shàng yì bēi cóng dì jiào zhōng qǔ chū de chén nián jiā niàng wāng lún
满上一杯从地窖中取出的陈年佳酿。汪伦

xiàng lǐ bái jìng jiǔ lǐ xiōng dà jià guāng lín wāng lún bèi gǎn
向李白敬酒："李兄大驾光临，汪伦倍感

róng xìng lǐ bái qiān xū dào shì nǐ zhè lǐ de fēng guāng
荣幸。"李白谦虚道："是你这里的风光

wú xiàn xī yǐn le wǒ lái dào zhè lǐ shuō zhe lǐ bái jǔ bēi
无限，吸引了我来到这里。"说着李白举杯

一饮而尽。酒一入喉，清洌无比，回味无穷，果然是佳酿！李白忍不住又喝了几杯，连连赞道：“好酒！好酒！”

几杯酒下肚，李白觉得放松了许多，便以信上的内容询问汪伦：“汪兄说的十里桃花在哪里呢？我在船上望了许久也没看见，莫非这桃花隐藏在幽深之处？”

汪伦不愿再欺骗李白，尴尬道：“泾县有一水潭，名叫桃花潭，距离此处有十里之远。”

“那么，汪兄所说的万家酒店又在哪里？我一路上观察了半天，也没看到多少酒家。”

“李兄有所不知，附近有一家酒店，酒店的主人就姓万。实不相瞒，我一向仰慕李兄大名，可是又担心李兄不来，就故意把十里外的桃花潭说成有十里桃花，把万姓人家开的酒店说成是万家酒店，还望李兄见谅。”

“好你个汪伦，竟然玩文字游戏，罚你三杯！”李白恍然大悟，哈哈大笑起来。

“我认罚！”汪伦笑着答应，一口气连喝三杯酒，继续说道，“不过，那桃花潭也是一处绝佳的赏景胜地。等李兄喝酒尽兴了，我就带李兄去那里游玩一番。”

喝完酒后，二人坐上马车，一路欣赏着路旁美景，很快就到了桃花潭。

这桃花潭水，碧波微漾，晶莹清澈，翠峦倒映其中，如诗如画。李白立在潭边观望潭水，不禁心旷神怡，直言不虚此行。

汪伦挽留李白连住数日，每日以美酒相待，二人谈诗论文，相处甚欢。

可再好的宴席也有散场的时候。离别之际，汪伦不忍分离，十里相送。

李白被汪伦的情谊深深打动，写下了传世佳作《赠汪伦》：

李白乘舟将欲行，忽闻岸上踏歌声。
桃花潭水深千尺，不及汪伦送我情。

李白与汪伦之间的深情厚谊流传至今，成为后人一直传诵的一段佳话。

酒醉骑驴过县衙

难道你这华阴县里，还不允许我骑驴吗？

传说有一天李白想去爬华山，便来到了陕西华阴。他担心爬山时买不到酒喝，就先找了一家小店喝起酒来。喝完酒付了账，他便踉

liàng qiàng qiàng zǒu chū diàn mén xiǎo èr jiàn tā hē de zuì xūn xūn de
踉跄跄走出店门。小二见他喝得醉醺醺的，
jiù hǎo xīn de jiào zhù tā xún wèn dào qǐng wèn kè guān yào dào
就好心地叫住他，询问道：“请问客官要到
nǎ lǐ qù
哪里去？”

lǐ bái bù jiǎ sī suǒ de shuō wǒ yào qù dēng huà shān
李白不假思索地说：“我要去登华山。”

xiǎo èr xiǎng le xiǎng shuō dào wǒ men diàn lǐ yǒu yì tóu
小二想了想，说道：“我们店里有一头
lǘ zi tā jīng cháng tuó sòng kè rén qián wǎng huà shān yóu wán suǒ
驴子，它经常驮送客人前往华山游玩，所

以认得路，你喝得醉醺醺的，还是骑上驴子让它驮着你去华山吧。你到了华山后，松开缰绳，它会自己跑回来的。”

李白一想，觉得这样也不错。于是谢过小二，付了驴子的费用，歪歪倒倒地骑上驴子就上路了。那驴子驮着李白一溜烟地跑起来，不知不觉中，竟快要跑到县府衙了，李白不知道，还以为到了华山的牌楼前，就一拍驴子，冲了进去。

县令正在审判案子，公堂之上人人神情专注，突然闯进来一个骑着驴子的醉汉，众人吓了一跳，纷纷躲避。那驴子大概知道自己走错了地方，也吓得高声叫唤起来。众人见状，哄堂大笑。县令脸色铁青，大发雷霆：“什么人，竟敢擅闯公堂！眼中还有王法吗？”

衙役将李白押到堂下后，县令厉声责问

道："你是哪里来的狂徒，竟敢如此无礼？"县令说完，命令衙役拿给李白一支笔和一张纸，令李白写下认罪书。李白经此一闹，酒早已醒了一大半。他不禁想起了当年自己牵牛过堂和冲撞李长史车驾的经历，顿时感慨万分，于是提笔写道："曾令龙巾拭吐，御手调羹，贵妃捧砚，力士脱靴。天子门前，尚容走马；华阴县里，不得骑驴？"意思是说你想知道我是谁，说出来只怕吓到你。我当年曾用皇帝的手帕擦过嘴，皇帝亲手为我搅拌过羹汤，杨贵妃曾为我捧过砚台，高力士也为我脱过靴子。即便是在天子门前，还允许我跑马呢，难道你这华阴县里，还不允许我骑驴吗？

县令一看，大吃一惊，这才意识到骑驴的人是"谪仙人"李白，赶紧行礼道歉道："恕下官眼拙，不知李翰林大驾光临。"

lǐ bái bìng bù lǐ huì zhuǎn shēn qí shàng lǘ bèi yǎng tiān dà
李白并不理会，转身骑上驴背，仰天大
xiào ér qù zhǐ liú xià yì bāng rén zài xiàn yá táng qián fā dāi
笑而去，只留下一帮人在县衙堂前发呆。

梁园

梁园也称“梁苑”“兔园”，是汉代梁孝王刘武建造的规模宏大的园林，其故址在今河南商丘以东。梁孝王喜好宾客，司马相如、枚乘等辞赋家都曾居住园中，因而有名。

中国古代许多文化名人曾到梁园怀古，李白、杜甫、高适等都曾在此留下了传诵千古的篇章，其中尤以李白的《梁园吟》最为著名。

第六章 坎坷晚年

天宝十四载（755 年）冬，安史之乱爆发。李白在友人劝说下，进入永王李璘的幕府中担任幕僚。可谁知不久后李璘擅自引兵东进，被定为谋反，李白因此受牵连，在浔阳入狱。后虽经人救出，却被流放夜郎。流放途中，李白得到赦免。在当涂县，贫病交加的李白度过了人生的最后时光。

入幕牵连被流放

本是一腔热血，却变成了大唐的罪人。

天宝十四载（755年），唐朝将领安禄山在范阳（今北京一带）起兵叛乱。大军蜂拥南下，烟尘千里，河北许多县闻风而降。随后，河南诸郡也相继失守。消息传来后，李白赶紧回睢阳接了妻子宗氏，一道往南逃亡避难。第二年六月，永王李璘随同唐玄宗逃亡到蜀地，长安陷落。九月，永王李璘坐镇江陵集结兵力，筹集军费和粮草，沿江东而下直奔广陵，途中路过九江，因早就听说过李白的大名，于是派遣韦子春前去招募李白。

wéi zǐ chūn dēng shàng lú shān sì chù dǎ tīng hěn kuài jiù zhǎo
韦子春登上庐山，四处打听，很快就找
dào le zài xiāng lú fēng yǐn jū de lǐ bái
到了在香炉峰隐居的李白。

wéi zǐ chūn yǔ lǐ bái hán xuān yì fān zhī hòu jiù dào míng le lái
韦子春与李白寒暄一番之后，就道明了来
yì lǐ xiōng rú jīn tiān xià dà luàn zhèng shì nǐ wǒ bào xiào guó
意：“李兄，如今天下大乱，正是你我报效国
jiā zhī jì cǐ cì wǒ tè fèng yǒng wáng zhī mìng qián lái yāo qǐng nǐ jiā
家之际。此次我特奉永王之命，前来邀请你加
rù yǒng wáng mù fǔ xié zhù yǒng wáng píng dìng pàn luàn yǐ fù xīng wǒ
入永王幕府，协助永王平定叛乱，以复兴我
dà táng rú jīn zhè dà hǎo jī huì nǐ kě bú yào cuò guò le
大唐。如今这大好机会，你可不要错过了！”

lǐ bái tīng hòu xīn zhōng lüè yǒu suǒ dòng jué de lǐ dāng wèi
李白听后心中略有所动，觉得理当为
cháo tíng xiào lì yì zhǎn hóng tú kě shì yì xiǎng dào zhī qián de zāo
朝廷效力，一展宏图，可是一想到之前的遭
yù yòu yǒu xiē yóu yù zuì hòu hái shi wǎn jù le wéi zǐ chūn
遇，又有些犹豫，最后还是婉拒了韦子春。

yǒng wáng dé zhī lǐ bái jù jué le yāo qǐng bìng bù gān xīn
永王得知李白拒绝了邀请，并不甘心，
yào wéi zǐ chūn zài shàng lú shān shuí liào lǐ bái zài cì jù jué
要韦子春再上庐山。谁料，李白再次拒绝，
wéi zǐ chūn yòu yí cì shī wàng ér guī
韦子春又一次失望而归。

yǒng wáng réng bù sǐ xīn dì sān cì pài le wéi zǐ chūn qù shuō
永王仍不死心，第三次派了韦子春去说
fú lǐ bái lǐ bái xīn xiǎng yǒng wáng sān cì yāo qǐng wǒ rù mù
服李白。李白心想：永王三次邀请我入幕，
zhè qǐ bú shì sān gù máo lú chóng yǎn wǒ lǐ bái bú guò yī
这岂不是“三顾茅庐”重演？我李白不过一

jiè shū shēng zěn néng zài jù jué ne suí jí shōu shi xíng náng gēn
介书生，怎能再拒绝呢？随即收拾行囊，跟
suí wéi zǐ chūn xià shān qù le
随韦子春下山去了。

yǒng wáng qī pàn yǐ jiǔ jiàn wéi zǐ chūn zhōng yú qǐng huí lǐ
永王期盼已久，见韦子春终于请回李
bái dāng jí shè yàn wèi lǐ bái jiē fēng xǐ chén jiǔ xí shàng yǒng
白，当即设宴为李白接风洗尘。酒席上，永
wáng pín pín xiàng lǐ bái jìng jiǔ yǔ tā shāng tǎo píng pàn nì zéi
王频频向李白敬酒，与他商讨平叛逆贼、
ān dìng dà táng de dà lüè
安定大唐的大略。

shí èr yuè lǐ bái suí dà jūn dōng jìn tú zhōng tā mǎn
十二月，李白随大军东进，途中，他满
huái háo qíng de xiě xià le yǒng wáng dōng xún gē shí shǒu
怀豪情地写下了《永王东巡歌十首》。

李白满心以为永王东巡是奉旨行事，必将得到百姓的拥护，很快肃清叛军，凯旋还朝。可谁也没有料到，逆贼还没有被清除，永王因不服从唐肃宗要求他回到四川的调令，自己先被定为了逆臣。

不久，永王被唐肃宗的兵将包围，败于江苏镇江，被杀身亡。李白跟随永王，还没来得及建功立业，就被定罪为“从逆”，深陷浔阳牢狱。

李白枯坐于冰冷的大牢中，心中无限伤感，自己本是一腔热血为国尽忠，如今却莫名其妙地变成了大唐的“罪人”。他在狱中写信赋诗，表明自己的心迹。他的妻子宗氏为了营救他，四处奔走。半年后，御史中丞宋若思经过浔阳的时候，才把李白从监牢中解救出来。

后来，宋若思上书唐肃宗，大力举荐李白，希望唐肃宗能重用李白，但是并没有得到批准。到了年底，朝廷重新审判了永王叛逆一案，又把李白牵扯了进来，他再次被抓回了浔阳狱中。最终，李白被判流放夜郎。

流放遇赦病缠身

人生如江海，潮起又潮落。

李白流放夜郎的消息，很快便传到了妻子宗氏那里，她惊骇不已，伤心欲绝，以致病重卧床不起。

唐肃宗乾元元年（758年）春，年近花甲的李白从浔阳出发，踏上了流放夜郎之路。多日的关押，让他形容枯槁，苍老了许多。

宗氏的弟弟宗璟随同衙役一起，护送着李白，走了一程又一程，一直陪送到了浔阳地界，才依依不舍地和李白告别。

五月，李白在两个公差的押送下行经江夏时，刺史韦良宰接待了他，被贬至荆州的原宰相张镐，也托人给李白送来一封书信以及两件夏天穿的罗衣。

不久，李白经过江陵，进入三峡，向着夜郎而去。

乾元二年（759年）春，关中地区发生了大规模的旱灾，朝廷颁发了特赦令：“在押的囚徒，死罪改为流放，流放及以下的罪犯全部赦免。”

此时，流放途中的李白正准备离开奉节南下，得知这个好消息后不禁欣喜若狂，当即折返，从白帝城乘上一叶扁舟，沿长江顺流而下，又回江陵去了。沿途的壮丽景观目不暇接，两岸猿猴的啼叫声不绝于耳，李白情不自禁地写下这首流传千古的诗篇《早发白帝城》：

朝辞白帝彩云间，千里江陵一日还。
两岸猿声啼不住，轻舟已过万重山。

李白辗转多地终于回到了妻子宗氏寄居的豫章县（今江西南昌）。劫后重逢，夫妻二人悲喜交加，抱头痛哭……

宗氏的弟弟宗璟在豫章县担任小吏，宗璟对姐姐宗氏和姐夫李白都很仁义，但一个县小吏毕竟负担不起好几口人的生活，因此不久，李白夫妇便各寻去处。宗氏去了庐山修道，李白则选择东下，去了金陵，尽情享受着重获自由的喜悦。

这年秋天，李白漫游到金陵的时候，听说

大将李光弼接任了天下兵马副元帅之职，即将率领大军出征，目的是收复睢阳，并阻止贼军南下。李白热血沸腾，当即扔掉酒杯，拿起佩剑，跃上骏马，心急火燎地奔往徐州军营，想要杀敌报国。

只可惜天不遂人愿，奔驰途中，这个年逾花甲、头发花白的老人突然觉得胸痛难忍，只好勒住缰绳，艰难地翻身下马。李白远望着徐州，只觉得出路近在咫尺却又远如天涯，不禁悲从中来。他隐约感觉到，也许永远无法到达徐州了，就像他永远也无法实现报效国家的愿望一样。

李白只好拖着不适的身体返回了金陵的客店。

中天摧兮力不济

是谪仙人，是饮中仙，是伟大传奇的诗人。

也许是因为生活窘迫，上元二年（761年），贫病交加的李白无奈之下只好就近投奔了在当涂做县令的族叔李阳冰。

李阳冰官职并不大，但富有文采，擅长篆书，而且气度不凡，待人真诚。当李白前来投奔他时，他热情地接待了李白。

不久，疾病缠身已久的李白倒在了床上，李阳冰不惜花重金请郎中为他诊治。由于病已加重，一时难以见效，李白卧病在床直到年底。

qià qiǎo zài cǐ shí lǐ yáng bīng zài dāng tú xiàn rèn qī jiāng
恰巧在此时，李阳冰在当涂县任期将
mǎn xū jǐn kuài jìn jīng shù zhí lǐ yáng bīng bù rěn xīn qì lǐ bái
满，需尽快进京述职。李阳冰不忍心弃李白
ér qù biàn pài rén jiē lái le lǐ bái de qī zi zōng shì hé ér zi
而去，便派人接来了李白的妻子宗氏和儿子
bó qín bìng liú gěi tā men yì bǐ shēng huó fèi zhǔ tuō le dāng dì
伯禽，并留给他们一笔生活费，嘱托了当地
mén shēng jiā yǐ zhào gù cái lái xiàng lǐ bái cí xíng
门生加以照顾，才来向李白辞行。

lǐ yáng bīng rú cǐ rén yì lǐ bái xīn zhōng wú xiàn gǎn jī
李阳冰如此仁义，李白心中无限感激，
tā jǐn jǐn zhuā zhù lǐ yáng bīng de shǒu jiāng zì jǐ de shī gǎo tuō fù
他紧紧抓住李阳冰的手，将自己的诗稿托付

给李阳冰，希望李阳冰能够加以整理以流传于世。交代完毕后，李白强撑着最后一口气，虚弱地靠在床头，提笔写下了《临路歌》：

大鹏飞兮振八裔，中天摧兮力不济。
余风激兮万世，游扶桑兮挂左袂。
后人得之传此，仲尼亡兮谁为出涕？

宝应元年（762年），李白永远闭上了眼睛。李阳冰不负所托，将李白的诗文整理后编成了《草堂集序》十卷。

两年后，唐代宗下达诏令，命天下诸州举荐贤才，李白受到举荐，被授予左拾遗一职，只是当诏书送达时，李白早已不在人世。

李白的一生充满了挫折和坎坷，但也充满了传奇色彩。他是贺知章眼中的“谪仙人”，他是杜甫笔下的“饮中仙”，他是

duō cái de hàn lín xué shì tā shì qì shì xué xiān de dào shi
多才的翰林学士，他是弃世学仙的道士……

shí zhì jīn rì lǐ bái réng shì wǒ men zhōng huá mín zú zuì wěi dà
时至今日，李白仍是我们中华民族最伟大、

zuì shòu hòu rén huái niàn de wěi dà shī rén zhī yī
最受后人怀念的伟大诗人之一。

知识窗

幕府

我国古代主帅外出征战时，通常会在战场设立帐幕，所以将这些主帅或将军设立的军事府署称为“幕府”。后来，亲王或将军的参谋团队也被称作幕府。亲王及高级官员建立幕府，自选人才，叫作“开府”。汉朝时，只有三公（如西汉时期的大司马、大司徒、大司空）、大将军和将军可以开府。魏晋时期开始，朝廷逐渐放宽开府资格，进入军事指挥机关或参谋团队就被称作“入幕”。

图书在版编目（CIP）数据

李白 / 郄亚威编；锄豆文化绘 . — 北京：华语教学出版社，2024. 12. —（写给孩子的名人小传）.
ISBN 978-7-5138-2695-2

Ⅰ. K825.6-49

中国国家版本馆 CIP 数据核字第 2024NH6132 号

李白

出 版 人　王君校
编　　者　郄亚威
选题策划　徐　琰
责任编辑　田玉晶
绘　　者　锄豆文化
装帧设计　锄豆文化
排版制作　锄豆文化
出　　版　华语教学出版社
社　　址　北京西城区百万庄大街 24 号
邮政编码　100037
电　　话　（010）68995871
传　　真　（010）68326333
网　　址　www.sinolingua.com.cn
电子信箱　fxb@sinolingua.com.cn
印　　刷　河北鑫玉鸿程印刷有限公司
经　　销　全国新华书店
开　　本　16 开（710 × 1000）
字　　数　110（千）　　9 印张
版　　次　2024 年 12 月第 1 版第 1 次印刷
标准书号　ISBN 978-7-5138-2695-2
定　　价　29.80 元
（图书如有印刷、装订错误，请与出版社发行部联系调换。联系电话：010-68995871、010-68996820）